COLLECTION FOLIO

Gustave Flaubert

Le Dictionnaire des idées reçues

Édition établie
par Claudine Gothot-Mersch

Gallimard

Ce texte est extrait de *Bouvard et Pécuchet* suivi du *Sottisier*, de *L'Album de la marquise*, du *Dictionnaire des idées reçues* et du *Catalogue des idées chic* (Folio Classique n° 3252).

Gustave Flaubert est né à Rouen le 12 décembre 1821. Adolescent, il écrit ses premiers textes (dont *Mémoires d'un fou*, en 1838). Bachelier en 1840, il commence à Paris des études de droit tout en esquissant, dès 1843, un roman — qui deviendra, plus de vingt ans plus tard, *L'Éducation sentimentale*. En 1844, suite à une crise nerveuse, il quitte Paris et s'installe à Croisset, dans une propriété achetée par son père sur les bords de la Seine, près de sa ville natale, un lieu retiré qu'il ne quittera plus que pour voyager, ou pour quelques « intermèdes » parisiens. Débute en 1846 une liaison, passionnée, avec la femme de lettres Louise Colet, qui durera huit ans ; celle-ci compte parmi les destinataires des lettres qu'il écrivit toute sa vie et qui forment sa foisonnante *Correspondance*. En 1849, Flaubert engage, accompagné de son ami Maxime Du Camp, un voyage en Orient (ils se rendront en Égypte, en Syrie, au Liban, en Palestine, etc.). À son retour, deux ans plus tard, il entreprend la composition de *Madame Bovary*, œuvre qui lui vaut un procès, en 1857, pour « outrage à la morale publique et religieuse et aux bonnes mœurs ». Suivront les parutions de *Salammbô* (1862) — texte pour lequel Flaubert, liant écriture romanesque et exigence de documentation, part de nouveau en voyage, en Algérie et en Tunisie —, de *L'Éducation sentimentale* (1869), de *La Tentation de saint Antoine* (1874), de *Trois contes* (1877) ou encore de *Bouvard et Pécuchet* (posthume, 1881). L'écrivain au « gueuloir » meurt le 8 mai 1880 à Croisset d'une hémorragie cérébrale, à l'âge de cinquante-huit ans.

Lisez ou relisez les livres de Gustave Flaubert en Folio :

CORRESPONDANCE (Folio Classique n° 3126)

TROIS CONTES (Folio Classique n° 3245 et Folioplus classiques n° 6)

BOUVARD ET PÉCUCHET (Folio Classique n° 3252)

MADAME BOVARY (Folio Classique n° 3512 et Folioplus classiques n° 33)

LES MÉMOIRES D'UN FOU — NOVEMBRE — PYRÉNÉES-CORSE — VOYAGE EN ITALIE (Folio Classique n° 3531)

SALAMMBÔ (Folio Classique n° 4205)

L'ÉDUCATION SENTIMENTALE (Folio Classique n° 4207)

VOYAGE EN ORIENT (Folio Classique n° 4407)

LA TENTATION DE SAINT ANTOINE (Folio Classique n° 1492)

UN PARFUM À SENTIR OU LES BALADINS *suivi de* PASSION ET VERTU (Folio 2 € n° 5234)

UN CŒUR SIMPLE (Folio Classique n° 5877)

Vox populi, vox Dei.

Sagesse des Nations.

Il y a à parier que toute idée publique,
toute convention reçue, est une sottise, car
elle a convenu au plus grand nombre.

CHAMFORT, *Maximes.*

A

ABÉLARD

Inutile d'avoir la moindre idée de sa philosophie et même de connaître le titre de ses ouvrages.

Faire une allusion discrète à la mutilation opérée par Fulbert.

Tombeau d'Héloïse et d'Abélard. Si on vous prouve qu'il est faux, s'écrier : « Vous m'ôtez mes illusions ! »

ABRICOTS

Nous n'en aurons pas encore cette année.

ABSALON

S'il eût porté perruque Joab n'aurait pu le tuer. Nom facétieux à donner à un ami chauve.

ABSINTHE

Poison extra-violent — un verre et vous êtes morts.

Les journalistes en boivent pendant qu'ils écrivent leurs articles.

L'armée française périra par elle.

A tué plus de soldats que les Bédouins !

ACADÉMIE FRANÇAISE

La dénigrer mais tâcher d'en faire partie, si l'on peut.

ACCIDENT

Toujours « déplorable » ou « fâcheux » ; comme si on devait jamais trouver un malheur une chose réjouissante.

ACCOUCHEMENT

Mot à éviter ; remplacer par « événement » : « Pour quelle époque attendez-vous l'événement ? »

ACHILLE

Ajouter « aux pieds légers » ; cela donne à croire qu'on a lu Homère.

ACTRICE

La perte des fils de famille.

Sont d'une lubricité fantastique. Elles dorment le jour, font des orgies la nuit, mangent des millions et finissent à l'hôpital.

— « Pardon ! il y en a qui sont bonnes mères de famille. »

ADIEUX

Mettre des larmes dans sa voix en parlant des Adieux de Fontainebleau.

ADOLESCENT

Ne jamais commencer un discours de distribution de prix autrement que par : « Jeunes adolescents », ce qui est un pléonasme.

AFFAIRES (les)

Passent avant tout. Une femme doit éviter de parler des siennes.

Sont dans la vie ce qu'il y a de plus important. « Tout est là ! »

AGENT

Terme lubrique.

AGRICULTURE

Une des mamelles de l'État (l'État est du genre masculin, mais ça ne fait rien).

Manque de bras. On devrait l'encourager. Sujet très chic.

AIL   *garde*

Tue les vers intestinaux et dispose aux combats de l'amour.

On en frotta les lèvres d'Henri IV au moment où il vint au monde.

AIR

Il faut toujours se méfier des courants d'air.

Invariablement, le fond de l'air est en contradiction avec la température : il est froid si elle est chaude, et l'inverse.

AIRAIN

Proverbe : les injures s'écrivent [dessus].
Métal de l'Antiquité.

ALBÂTRE   *alabast*

Employé poétiquement pour décrire les plus belles parties du corps des personnes.

ALBION

Toujours précédé de « blanche, perfide, positive ».
Il s'en est fallu de bien peu que Napoléon en fît la conquête.
Pour en faire l'éloge : « la libre Angleterre ».

ALCIBIADE

Célèbre par la queue de son chien.
Type de débauché, fréquentait Aspasie.

ALCOOLISME

Cause de toutes les maladies (voir *absinthe* et *tabac*).

ALLEMAGNE

Toujours précédée de « blonde », « rêveuse », mais quelle organisation militaire !

ALLEMANDS

Ce n'est pas étonnant qu'ils nous aient battus, nous n'étions pas prêts !
Peuple de rêveurs (vieux).

ALOÈS

Coup de canon.

AMBITIEUX

En province, tout homme qui fait parler de lui.
« Je ne suis pas ambitieux, moi ! » veut dire
« égoïste ou incapable ».

AMBITION

Toujours précédé de « folle », quand elle n'est
pas « noble ».

AMÉRIQUE

Bel exemple d'injustice : c'est Colomb qui la
découvrit, et elle tient son nom d'Améric Vespuce.
Sans la découverte de l'Amérique nous n'aurions
pas la syphilis et le phylloxera.
L'exalter quand même surtout quand on n'y a
pas été.
Tirade sur le « self-government ».

AMIRAL

Toujours brave.
Ne jure que par « mille sabords ! ».

ANDROCLÈS

Citer le lion d'Androclès à propos de dompteurs.

ANGE

Fait bien en Amour, et en Littérature.

ANGLAIS

Tous riches…

ANGLAISE

S'étonner de ce qu'elles ont de si jolis enfants.
Les vieilles Anglaises sont toujours laides.

ANTÉCHRIST

Voltaire.
Renan.

ANTIQUITÉ

— et tout ce qui s'y rapporte :
Est poncif, embêtant ! etc.

ANTIQUITÉS

Sont toujours de fabrication moderne.

APLOMB

Toujours suivi de « infernal », ou précédé de « rude ».

APPARTEMENT

Dans un appartement de garçon tout doit être sale, poussiéreux, en désordre ; des images obscènes couvrent les murs, des colifichets de femme traînent sur les meubles ; ça sent le tabac et le lit est constamment défait.

On doit y trouver des choses extraordinaires.

APPÉTIT

Ce qui le donne.

ARBALÈTE

Belle occasion pour raconter l'histoire de Guillaume Tell.

ARCHIMÈDE

« Eurêka ».

« Donnez-moi un point d'appui et je soulève le monde. »

Il y a encore « la vis d'Archimède ».

On n'est pas obligé d'en savoir davantage.

ARCHITECTES

Tous imbéciles. Oublient toujours l'escalier des maisons.

ARCHITECTURE

Il n'y a que quatre ordres d'architecture. Bien entendu qu'on ne compte pas l'égyptien, le cyclopéen, l'assyrien, l'indien, le chinois, gothique, roman, etc.

ARGENT

Le dieu du jour (ne pas confondre avec Apollon).

Les ministres le nomment : traitement. Les notaires : émoluments. Les médecins : honoraires. Les employés : appointements. Les ouvriers : salaire. Les domestiques : gages.

L'argent ne fait pas le bonheur.

Source du mal ; idées économiques à développer.

Auri sacra fames.

ARMÉE

Le rempart de la Société.

ARSENIC

Il y en a partout !

Citer Mme Lafarge.

Il y a pourtant des peuples qui en mangent.

ART

Ça mène à l'hôpital.

À quoi ça sert ? puisqu'on le remplace par des mécaniques qui font « mieux et plus vite ».

Beaux-Arts.

Anecdote du Prince-Président ; commission dont Séchan était le Président.

Beaux-arts, arts industriels.

ARTISTES

Il faut rire de tout ce qu'ils disent.

Tous farceurs. Vanter leur désintéressement.

S'étonner de ce qu'ils sont habillés comme tout le monde (vieux).

La femme-artiste ne peut être qu'une catin. Bas-bleu.

Gagnent des sommes folles, mais les jettent par les fenêtres.

Ce qu'ils font ne peut s'appeler « travailler ».

Souvent invités à dîner en ville.

ASPIC

Animal connu par le panier de figues de Cléopâtre.

ASSAINISSEMENT

Chlorure, acide phénique.

ASSASSIN

Toujours « lâche », même quand il a été intrépide et audacieux.

Moins coupable qu'un incendiaire.

ASTRONOMIE

Belle science. Utile pour la marine. Rire de l'Astrologie.

Toujours dire : « Quelle belle science ! elle permet de prédire l'avenir et le temps qu'il fera dans un an. »

ATHÉE

Un peuple d'athées ne saurait subsister.

AUTEUR

On doit connaître ses auteurs, mais on serait bien embarrassé de citer même leurs noms.

Mots d'auteurs.

Manière dont ils vivent.

AUTRUCHE

Digère les pierres.

AVOCAT

Il y a trop d'avocats à la Chambre.

Ont le jugement faussé, parce qu'ils plaident le pour et le contre.

Sont consultés sur toutes choses, même sur celles qu'ils ne connaissent pas.

D'un avocat qui parle mal, dire : « mais il est fort en Droit. »

B

BACCALAURÉAT

~~Tonner contre.~~ *To fulminate against*

BADAUD — *streller*

Tous les Parisiens sont des badauds — quoique

sur dix habitants de Paris, il y ait neuf provinciaux.

À Paris, on ne travaille pas.

BADIGEON

Tonnez contre le badigeon dans les églises.

Cette colère artistique est extrêmement bien portée.

BAGNOLET

Pays célèbre par ses aveugles.

BAGUE

Il est très distingué de la porter au doigt indicateur.

La mettre au pouce est trop oriental.

Porter des bagues déforme les doigts.

BÂILLEMENT

Dites : « excusez-moi ; ça ne vient pas d'ennui, mais de l'estomac. »

BAISER

Dire embrasser — plus décent.

Doux larcin.

Le baiser se « dépose » sur
    Le front d'une jeune fille,
    La joue d'une maman,
    La main d'une jolie femme,
    Le cou d'un enfant,
    Les lèvres d'une maîtresse.

BALLON

Avec les ballons on finira par aller dans la lune.

On n'est pas près de les diriger.

BANDIT

Les bandits sont toujours « féroces ».

BANQUET

Banquet de métiers. La plus franche cordialité ne cesse d'y régner ; on en emporte toujours le meilleur souvenir et l'on ne se sépare jamais sans se donner rendez-vous pour l'année suivante.

Banquet démocratique. Toujours veau et salade.

Diverses sortes de banquets, à développer :

militaire
académique
d'anciens élèves
d'anniversaires.

« Au banquet de la vie, infortuné convive »…

BANQUIERS

Tous riches.

Arabes. Loups-cerviers.

BARAGOUIN ~~jargon lingo~~

Manière de parler des étrangers.

Toujours rire de l'étranger qui parle mal le français.

BARBE

Signe de force.

Trop de barbe fait tomber les cheveux.

Utile pour protéger les cravates.

Coupes diverses.

BARBIER

Aller chez « le Frater ».

Figaro.

Le barbier de Louis XI.
Autrefois saignaient.
— de village.

BAS-BLEU — Blue stocking

Terme de mépris dont on doit qualifier toute femme qui s'intéresse aux choses d'art.

Citer Molière à l'appui : « quand la capacité de son esprit se hausse » etc.

BASE

Les bases de la Société :
Propriété, famille, religion, respect des Autorités.
En parler avec colère si on les attaque.

BASILIQUE

Synonyme pompeux d'église.

BASQUE

Le peuple qui court le mieux.

BATAILLE

Toujours « sanglante ».

Il y a toujours deux vainqueurs : le battant et le battu.

BÂTON

Plus redoutable que l'épée.

BAUDRUCHE

Ne sert pas qu'à faire des ballons.

BAYADÈRE

Toutes les femmes de l'Orient sont des bayadères.
Mot qui entraîne l'imagination…

BEETHOVEN

Ne prononcez pas « Bitovan ».

Se pâmer quand même lorsqu'on exécute une de ses œuvres.

Des ouvertures de Bêtes aux veines (vieux).

— « Quel ensemble. »

— « C'est cet art de lier ! »

BELGE

Il faut appeler les Belges : des Français contrefaits ; ça fait toujours rire. « Savez-vous. »

BERGER

Les bergers sont tous sorciers.

Ont la spécialité de causer avec la Sainte Vierge.

BÊTE

Ah ! si les bêtes pouvaient parler !

Il y en a qui sont plus intelligentes que des hommes.

BIBLE

Le plus ancien livre du monde.

BIBLIOTHÈQUE

Toujours en avoir une chez soi, principalement quand on habite à la campagne.

BIÈRE

Il ne faut pas en boire, *ça enrhume.*

BILLARD

Noble jeu. Indispensable à la campagne.

BLONDES

Plus chaudes que les brunes (voyez *brunes*).

Le bleu sied bien aux blondes.

BOHÉMIEN

Les bohémiens sont tous nés en Bohême.

BOIS

Les grands bois font rêver.

Propre à faire des vers (voyez *site*).

À l'automne, dire : « de la dépouille de nos bois… »

BONNE

Les bonnes sont toutes mauvaises.

Il n'y a plus de domestiques !

BONNET GREC

Indispensable à l'homme de cabinet — donne de la majesté au visage.

BOSSU

Ont tous beaucoup d'esprit.

Sont très recherchés des femmes lascives.

Chevaliers des prostituées.

Dites : « un homme gibbeux » : c'est plus poli.

Toucher sa bosse porte bonheur.

BOTTE

Par les grandes chaleurs ne jamais oublier les allusions sur les bottes des gendarmes ou les souliers des facteurs (n'est permis qu'à la campagne, au grand air).

On n'est bien chaussé qu'avec des bottes.

BOUCHER

Terribles en temps de révolution.

Les bouchers sont tous gras.
Tous brutaux, ils écrasent les enfants dans les rues.

BOUDDHISME
« Fausse religion de l'Inde » (définition du dict.
Bouillet, 1re édition).

BOUDIN
Signe de gaieté.
Indispensables le jour de Noël.

BOUILLI
C'est sain.
Va après la soupe : la soupe et le bouilli.
Un bon bouilli est une bonne chose.

BOULET
Le vent du boulet asphyxie.
Rend aveugle.

BOURREAU
Toujours de père en fils.

BOURSE (la)
Thermomètre de l'opinion publique.

BOURSIERS
Tous voleurs.

BOUTON
Il ne faut pas faire passer les boutons, c'est un
signe de santé et de force du sang.

BRACONNIER
Sont tous forçats libérés. Il faut les accuser

de tous les crimes commis dans les campagnes. Doivent exciter une colère frénétique : pas de pitié, monsieur ! pas de pitié ! Cependant c'est à eux qu'on s'adresse quand on veut un chien de chasse.

BRAS

Pour gouverner la France, il faut un bras de fer.

BRETONS

Tous braves gens, mais entêtés.

BROCHE

Doit toujours encadrer une mèche de cheveux ou une photographie.

BRUNES

Plus chaudes que les blondes (voyez *blondes*).

BUDGET

Jamais en équilibre.

BUFFON

Mettait des manchettes pour écrire.

C

CACHET

Toujours suivi de « tout particulier ».

Ex : « Le soleil imprimait à ce paysage un cachet tout particulier » ; cette métaphore devrait être exclusivement réservée aux employés de la Poste chargés du timbrage des lettres.

Ça ne manque pas de cachet.

CACHOT

La paille y est toujours humide.

Toujours « affreux » ; on n'en a pas encore rencontré de délicieux.

CADEAU

Ce n'est pas la valeur qui en fait le prix, ou bien : ce n'est pas le prix qui en fait la valeur.

« Le cadeau n'est rien, c'est l'intention. »

CAFÉ

N'est bon que venant du Havre.

Le meilleur c'est le mélange Martinique et Bourbon.

Donne de l'esprit.

Dans un grand dîner, il doit se prendre debout.

L'avaler sans sucre : très chic, et donne l'air d'avoir vécu en Orient.

CALVITIE   — Balores

Est toujours « précoce ».

Et causée par les excès de jeunesse, ou la conception de grandes pensées.

CAMARILLA

S'indigner quand on prononce ce mot.

CAMPAGNE

Tout y est permis.

Il faut toujours se mettre à son aise.

Pas de toilette — on retire ses habits.

Gaieté bruyante — faire des farces.

S'asseoir par terre — fumer la pipe.

Les gens de la campagne meilleurs que ceux de la ville. Envier leur sort.

CANARD

Tous viennent de Rouen.
N'est bon qu'avec des navets.

CANDEUR

Toujours « adorable ».
On en est rempli, ou on n'en a pas du tout.

CANONNADE

Change le temps.
Mettre son oreille à terre pour l'entendre, quand elle est éloignée.

CARABIN

Dîne et dort près des cadavres.
Il y en a qui en mangent.

CARÊME

Au fond, n'est qu'une mesure hygiénique.

CATAPLASME

Doit toujours être mis en attendant l'arrivée du médecin.

CATHOLICISME

Son influence favorable sur les Arts.
Donner des témoignages à faux.

CAUCHEMAR

Vient de l'estomac.

CAVALERIE

Plus noble que l'infanterie.

CAVERNE

Habitation ordinaire aux voleurs.

Sont toujours remplies de serpents.

CÈDRE

Le cèdre du Jardin des Plantes a été rapporté dans un chapeau.

CÉLÉBRITÉ

Dénigrer quand même les célébrités, en signalant leurs défauts privés.

Musset se saoulait.

Balzac était criblé de dettes.

Hugo est avare.

…

CÉLIBATAIRE

Les célibataires sont égoïstes, débauchés, couchent avec leurs bonnes.

Tonner contre eux. On devrait les imposer.

Quelle triste vie ils se préparent !

CENSURE

Utile ! on a beau dire.

CERCLE

On doit toujours faire partie d'un —.

CERTIFICAT

Sécurité des familles, tranquillité des parents.

Un certificat est toujours favorable.

CÉRUMEN

« Cire humaine » ; se garder de l'ôter parce qu'elle empêche les insectes d'entrer dans les oreilles.

CHACAL

Singulier de shakos (vieux, mais fait toujours rire).

CHALEUR

Toujours « insupportable ».

« On ne respire pas ! »

Il ne faut pas boire quand il fait chaud.

CHAMBRE À COUCHER

Dans un vieux château, Henri IV y a toujours passé une nuit.

CHAMEAU

Le chameau a deux bosses et le dromadaire une seule ; ou bien : le chameau a une bosse et le dromadaire deux. On s'y embrouille.

Être sobre comme un chameau.

CHAMPAGNE

Caractérise le dîner de cérémonie.

Provoque l'enthousiasme chez les petites gens.

Le délire doit s'emparer des convives au moment où sautent les bouchons ; on ne se connaît plus.

Les amoureux malins n'en boivent jamais.

Faire semblant de le détester, en disant : « ce n'est pas un vin ».

La Russie en consomme plus que la France ; c'est

par lui que les idées françaises se sont répandues dans ce pays.

Sous la Régence, on ne faisait pas autre chose que d'en boire.

Mais on ne le boit pas, on le « sable ».

CHAMPIGNON

Ne manger que ceux qui viennent du marché.

CHANTEUR

Les chanteurs avalent tous les matins un œuf frais pour s'éclaircir la voix.

Le ténor a toujours une voix « charmante » et « tendre », le baryton un organe « sympathique » et « bien timbré », et la basse une émission « puissante ».

CHAPEAU

Protester contre la forme des —.

CHARCUTIER

Toutes les charcutières sont jolies.

Anecdote des pâtés humains.

Ne pas oublier le voisinage du barbier.

Leur demander si leurs pâtés ne sont pas faits avec de la chair humaine.

CHARTREUX

Passent leur vie à creuser leur tombeau, à faire de la Chartreuse et à dire : « Frères, il faut mourir. »

CHASSE

Exercice cynégétique.

Excellent pour la santé.

Il faut toujours feindre une grande passion pour la chasse.

Indispensable aux Souverains.

Sujet de délire pour la magistrature.

CHASSEUR

Tous les chasseurs sont des blagueurs.

Les appeler « Nemrod », ça les flatte toujours, sans savoir pourquoi ; ou bien : « Grand chasseur devant l'Éternel ».

L'attirail du chasseur. On se lève matin…

La chaussure, d'autant plus lourde et épaisse qu'on a beaucoup à marcher.

Affecte des airs rustiques.

CHAT

Il faut leur couper la queue pour éviter le vertigo. C'est de là que vient le verbe : châtrer.

Les appeler : tigres de salon (chic).

Sont traîtres.

CHÂTAIGNE

Femelle du marron.

CHATEAUBRIAND

Connu surtout par le beefsteak qui porte son nom.

CHÂTEAU FORT

A toujours subi un siège, sous Philippe Auguste.

CHEMIN DE FER

Si Napoléon avait eu les chemins de fer il aurait été invincible.

S'extasier sur l'invention et dire : « Moi, Monsieur, qui vous parle, j'étais ce matin à X, je suis parti par le train de X, là-bas j'ai fait mes affaires, etc., et à X heures, j'étais revenu ! »

CHEMINÉE

Fume toujours.

Sujet de discussion, à propos du chauffage.

CHEVAL

Ne connaît pas sa force : s'il la connaissait il ne se laisserait pas conduire.

« À cheval, Messieurs ! » (dans tous les drames).

La plus noble conquête…

Mépriser le cheval de course. — À quoi sert-il ?

Anecdotes : le cheval de fiacre devenu célèbre, un bidet qui a coûté 50 fr, etc.

Viande de — : beau sujet d'article pour un homme qui désire se poser comme personnage sérieux.

CHEVEU

Chevelure.

CHEVILLE

Versification.

CHIEN

Spécialement créé pour sauver la vie à son maître.

Mettre du soufre dans leur eau pour les empêcher de devenir enragés.

Collier de bouchons pour faire passer le lait des chiennes.

L'idéal de « l'ami de l'homme ».

CHIRURGIEN

Les chirurgiens ont le cœur dur.
Les appeler « bouchers ».

CHOLÉRA

Le melon donne le choléra.
On s'en guérit en prenant beaucoup de thé avec
du rhum.

CHRISTIANISME

A affranchi les esclaves.

CIDRE

Gâte les dents.

CIGARE

Les cigares de la Régie sont toujours « infects » ;
il n'y a de bons que ceux qui viennent par contrebande.

CIRAGE

N'est bon que lorsqu'on le fait soi-même.

CLAIR-OBSCUR

On ne sait pas ce que c'est.

CLARINETTE

En jouer rend aveugle.
Ex : tous les aveugles jouent de la clarinette.

CLASSIQUES (les)

On est censé les connaître.

CLOCHER DE VILLAGE
Sert à faire battre le cœur.

CLOU
Les clous sont des signes de santé, il ne faut pas les faire passer (voyez *bouton*).

CLOWN
Disloqué dès l'enfance.

CLUB
Sujet d'exaspération pour les conservateurs.
Embarras et discussion sur la prononciation du mot.

COCHON
L'intérieur de son corps étant « tout pareil » à celui de l'homme, on devrait s'en servir dans les hôpitaux pour étudier l'anatomie.

COCU
Toute femme doit faire son mari cocu.

COFFRES-FORTS
Leurs complications sont très faciles à déjouer.

COGNAC
Un verre de cognac ne fait jamais de mal.
Pris à jeun, il tue le ver de l'estomac.
Très funeste. Excellent pour plusieurs maladies.

COLÈRE
Fouette le sang ; hygiénique de s'y mettre de temps en temps.

COLLÈGE-LYCÉE
Plus noble qu'une pension.

COLONIES (nos)
S'attrister quand on en parle.

COMÉDIE
Castigat ridendo mores.
— en vers ne convient plus à notre époque.
Cependant respecter la haute Comédie.

COMÈTE
Rire des gens qui en avaient peur.

COMMERCE
Discussion pour savoir lequel est le plus noble, du commerce ou de l'industrie.
Libre-échange, etc.

COMMUNION
La première communion : le plus beau jour de la vie.

COMPAS
On voit juste quand on l'a dans l'œil.

COMPILATION
Facile à faire.

CONCERT
Passe-temps comme il faut.

CONCESSION
N'en jamais faire, elles ont perdu Louis XVI.

CONCILIATION

La prêcher toujours, — même quand les contraires sont absolus.

Donner des exemples.

CONCUPISCENCE

Mot de curé pour exprimer les désirs charnels.

CONCURRENCE

L'âme du commerce.

CONFISEUR

Tous les Rouennais sont confiseurs.

CONFORTABLE

Précieuse découverte moderne.

CONGRÉGANISTE

Chevalier d'Onan.

CONJURÉ

Les conjurés ont toujours la manie de s'inscrire sur une liste.

CONSERVATEUR

Homme politique à gros ventre.

— « Conservateur borné ! »

— « Oui, Monsieur, les bornes servent de garde-fou. »

CONSERVATOIRE

Il est indispensable d'être abonné au Conservatoire.

CONSTIPATION

Tous les gens de lettres sont constipés.

Son influence sur les convictions politiques.

CONTRALTO

On ne sait pas ce que c'est.

CONVERSATION

La politique et la religion doivent en être exclues.

COPAHU

On doit feindre d'ignorer ce que c'est.

COPULATION-COÏT

Mots à éviter.

Dire : « ils avaient des rapports... »

COQ

Un homme maigre doit toujours dire qu'un bon coq n'est jamais gras.

COR AUX PIEDS

Indique les changements de temps mieux qu'un baromètre.

Très dangereux quand il est mal coupé.

Citer des exemples d'accidents terribles.

Il faut éviter de monter les escaliers, ça donne des cors.

Les plus prudents ne se les font jamais couper ; on les arrache avec les ongles, on s'applique un morceau de viande macéré dans du vinaigre.

COR DE CHASSE

Fait bon effet dans les bois, et le soir sur l'eau.

« Allons, chasseur, vite en campagne,
Du cor n'entends-tu pas le son ?
Tonton, tontaine, tonton. »

CORDE

On ne connaît pas la force d'une corde. Plus forte que du fer.

CORDONNIER

Ne sutor ultra crepidam.

CORPS

Si nous savions comment notre corps est fait, nous n'oserions pas faire un mouvement.

CORSET

Empêche d'avoir des enfants.

COSAQUE

Mange des chandelles.

COTON

Est surtout utile pour les oreilles.

Une des bases de la société dans la Seine-Inférieure.

COURTISANE

Les appeler : créatures — hétaïres — impures — femmes vulgivagues.

Est un mal nécessaire.

Sauvegarde de nos filles et de nos sœurs, tant qu'il y aura des célibataires.

Ou bien : devraient être chassées impitoyablement. — On ne peut plus sortir avec sa femme, à cause de leur présence sur les Boulevards.

Sont toujours des filles du peuple débauchées par des bourgeois.

COUSIN

Conseiller aux maris de se méfier du « petit cousin ».

COUTEAU

Un couteau est catalan quand la lame est longue.

S'appelle « poignard » quand il a servi à commettre un crime.

CRAMPE

Noyade.

CRAPAUD

Mâle de la grenouille.

Habite à l'*intérieur* d'une pierre.

A un venin fort dangereux.

CRÉOLE

Vit dans un hamac.

CRIMINEL

Toujours « odieux ».

CRITIQUE

Toujours « éminent ».

Est censé tout savoir, tout connaître, avoir tout lu, avoir tout vu.

Quand il vous déplaît, l'appeler un Aristarque, ou eunuque.

CROCODILE

Ne pas prononcer : cocodrile.
Imite le cri des enfants pour attirer l'homme.
Sa peau est excellente pour faire des gants.
Pleurs de crocodile.

CROISADE

Utiles seulement pour le commerce de Venise.

CRUCIFIX

Fait bien dans une alcôve — et à la guillotine.

CUIR

Tous les cuirs viennent de Russie.

CUISINE

Cuisine de restaurant, toujours « échauffante ».
— bourgeoise, toujours « saine ».
— [du] Midi, « trop épicée » ou « toute à l'huile ».
Le pot-au-feu n'est bon que chez soi.

CUJAS

Inséparable de « Barthole ».
On ne sait pas ce qu'ils ont fait ; n'importe ! dites à tout homme de cabinet : « Vous êtes enfoncé dans Cujas et Barthole. »

CURAÇAO

Le meilleur est de Hollande, parce qu'il se fabrique à Curaçao, une des Antilles.

CURIOSITÉS ANTIQUES

Sont toujours de fabrication moderne.

CYGNE

« Blanc comme un cygne », attendu qu'il y en a des noirs.

« Chant du cygne », parce qu'il ne chante pas.

Avec son aile peut casser la cuisse d'un homme.

Le cygne de Cambrai n'était pas un oiseau mais un homme nommé Fénelon.

— de Mantoue : Virgile.

— de Pesaro : Rossini.

CYMBALE

Toujours « retentissante ».

CYPRÈS

Ne pousse que dans les cimetières.

CZAR

Prononcer : tzar, et de temps en temps « autocrate ».

D

DAGUERRÉOTYPE

Remplacera la peinture.

DAMAS

Seul endroit où on sait faire les lames.

DAME

Tout pour les dames.

Honneur aux dames.

Ne jamais dire : « Ces dames sont au salon. »

DANSES

On ne danse plus, on marche.

DANTON

« De l'audace, encore de l'audace, toujours de l'audace ! »

DANUBE

Le Rubicon de la Turquie.

DARTRE

Signe de santé.

DARWIN

Celui qui dit que nous descendons du singe.

DAUPHIN

Porte les enfants sur son dos.

DÉBAUCHE

Cause de toutes les maladies des célibataires.

DÉCHAÎNER

On déchaîne les chiens et les mauvaises passions.

DÉCOR DE THÉÂTRE

N'est pas de la peinture. Il suffit de jeter à vrac sur la toile un seau de couleurs ; puis on l'étend avec un balai ; et l'éloignement et la lumière font l'illusion.

DÉCORATION

De la Légion d'honneur — la blaguer mais la

convoiter ; et quand on l'obtient toujours dire qu'on ne l'a pas demandée.

DÉCORUM

L'officiel, le genre préfet.

Tient lieu de prestige.

Frappe l'imagination des masses — Il en faut ! il en faut !

DÉFAITE

On n'éprouve pas une défaite, on l'« essuie ».

C'est se replier en bon ordre.

Tellement complète qu'il ne reste personne pour en porter la nouvelle.

DÉFILÉ

Toujours citer les Thermopyles.

« Les défilés des Vosges sont les Thermopyles de la France »

(s'est beaucoup dit en 1870).

DÉICIDE

S'indigner contre, bien que le crime ne soit pas commun.

DÉJEUNER DE GARÇONS

Exige des huîtres, du vin blanc et des gaudrioles.

DÉLIRE

En poésie : locutions qui l'expriment.

DÉMÊLOIR

Fait tomber les cheveux.

DÉMOSTHÈNE

Ne prononçait pas de discours sans avoir un caillou dans la bouche.

DENT

Le cidre, le tabac gâtent les dents — Manger des dragées, du sucre, de la glace, dormir la bouche ouverte, boire de suite après le potage, etc.

Dent œillère : dangereux de l'arracher parce qu'elle correspond à l'œil.

— de sagesse.

L'arrachement d'une dent ne fait pas « jouir ».

DENTISTE

Les dentistes sont tous menteurs.

Se servent du baume d'acier.

On les croit aussi pédicures.

Se disent « chirurgiens », comme les opticiens se disent « ingénieurs ».

DÉPURATIF

Se prend en cachette.

DÉPUTÉ

L'être ! comble de la gloire.

Tonner contre la Chambre — pas de tenue.

Tous bavards.

Ne font rien.

DÉRATÉ

Courir comme un « dératé ».

(Inutile de savoir que l'extirpation de la rate n'a jamais été pratiquée sur l'homme.)

DERBY

Mot de courses. Très chic.

Copier la définition de l'Académie.

DESCARTES

Cogito, ergo sum !

DESCRIPTIONS

Il y en a toujours trop dans les romans.

DÉSERT

Image de l'infini — où on ne peut pas vivre.

Produit les dattes.

Le chameau en est [le] vaisseau.

DESSERT

Gaieté ! la joie la plus vive.

Regretter qu'on n'y chante plus.

Les gens vertueux le méprisent.

— « Non ! non ! pas de pâtisserie, jamais de dessert ! »

DESSIN (l'art du)

Se compose de trois choses : « la ligne, le grain et le grainé fin. De plus, le trait de force. — Mais le trait de force ! il n'y a que le Maître seul qui le donne » (Christophe).

DEVOIRS

Les autres en ont envers vous, mais on n'en a pas envers les autres.

DÉVOUEMENT

Se plaindre de ce que les autres en manquent.

Nous sommes bien inférieurs au chien, sous ce rapport.

DIABLE

Ne s'emploie que dans l'expression : « il fait un froid de tous les diables. »

DIAMANT

« Il y en a qui disent que c'est du charbon. »
On finira par en faire.
Si vous en trouviez un dans son état naturel, vous ne le ramasseriez pas.

DIANE

Déesse de la chasse-teté.

DICTIONNAIRE

En rire — n'est fait que pour les ignorants.

DICTIONNAIRE DES RIMES

S'en servir ? Honteux !

DIDEROT

Toujours suivi de « d'Alembert ».

DIEU

Voltaire lui-même l'a dit : « Si Dieu n'existait pas, il faudrait l'inventer. »

DILETTANTE

Homme très riche, abonné à l'Opéra.

DILIGENCE

On regrette le temps des diligences.

DIMANCHE

Les bœufs ne pouvaient se déshabituer du dimanche.

DÎNER

Autrefois on dînait à midi ; aujourd'hui on dîne à des heures « impossibles ».

Le dîner de nos pères était notre déjeuner, et notre dîner est leur souper.

C'est « dîner en ville » que d'aller à la campagne pour assister à un repas.

Plats convenant au dîner, pas au déjeuner.

Dîner de cérémonie.

Dîner, si tard que ça, ne s'appelle pas dîner, mais souper !

DIOGÈNE

« Je cherche un homme. »

« Retire-toi de mon soleil. »

DIPLOMATIE

Belle carrière, mais hérissée de difficultés.

Pleine de mystère.

Un diplomate est toujours un homme fin et pénétrant.

On ne sait pas au juste ce qu'ils font.

Métier vague mais au-dessus du commun.

Ne convient qu'aux gens nobles.

DIPLÔME

Signe de science.

Ne prouve rien.

DIRECTOIRE

Les hontes du — !

« Dans ce temps-là, l'honneur s'était réfugié aux Armées. »

Les femmes se promenaient toutes nues.

DISSECTION

Outrage à la majesté de la mort.

DIVA

Toutes les cantatrices doivent être appelées : divas.

DIVORCE

Si Napoléon n'avait pas divorcé avec Joséphine, il serait encore sur le trône.

DIX (Conseil des)

On ne sait pas ce que c'était, mais c'était formidable.

Délibéraient masqués.

En trembler encore !

DJINN

Nom d'une danse orientale.

DOCTEUR

Toujours précédé de « bon », et dans la conversation familière de « Foutre ! » — « ah ! foutre, docteur ! »

Est un aigle quand il a votre confiance, n'est plus qu'un âne dès que vous êtes brouillés.

Tous matérialistes. « C'est qu'on ne trouve pas la Foi au bout d'un scalpel. »

DOCTRINAIRES

Les mépriser ; mais pourquoi ? on n'en sait rien.

DOCUMENT

Les documents sont toujours de la « plus haute importance ».

Il n'y a pas de conspirateurs arrêtés qui ne soient porteurs de documents des plus compromettants.

DOGE

Épousait la mer.

On n'en connaît qu'un : Marino Faliero.

DOIGT

Le doigt de Dieu se fourre partout.

DOLMEN

On ne sait pas ce que c'est ; rapport aux anciens Français.

Pierre qui servait aux sacrifices des druides. Il n'y en a qu'en Bretagne.

DÔME

Tour de force architectural.

Comment ça se tient-il ?

En citer deux, celui des Invalides, et celui de Saint-Pierre de Rome.

DOMESTIQUES

Tous voleurs.

DOMICILE

Toujours « inviolable », cependant la Justice, la Police y pénètrent quand elles veulent.

« Je regagne mes pénates. »
« Je *rentre* dans mes lares. »

DOMINOS
Se joue d'autant mieux lorsqu'on est gris.

DOMMAGES ET INTÉRÊTS
En demander toujours.

DOMPTEURS DE BÊTES FÉROCES
Emploient des pratiques obscènes.

DONJON
Éveille des idées lugubres.

DORMIR (trop)
Épaissit le sang.

DORTOIR
Les dortoirs sont toujours « spacieux » et « bien aérés ».
À préférer aux chambres pour la moralité des élèves.

DOS
Une tape dans le dos peut rendre poitrinaire.

DOUANE
On doit se révolter contre — et la frauder.

DOULEUR
A toujours un résultat favorable.
La véritable — est toujours contenue.

DOUTE

Pire que la négation.

DRAP

Tous les draps viennent d'Elbeuf.

DRAPEAU NATIONAL

Sa vue doit faire battre le cœur.

DROIT (JUS)

On ne sait pas ce que c'est.

DRÔLE

Doit s'employer à tout propos.
— « C'est drôle ! »

DUEL

Prestige de l'homme qui a eu un duel.

En cas d'égratignure, porter le plus longtemps possible le bras en écharpe.

Tonner contre.

N'est pas une preuve de courage.

DUPE

Mieux vaut être fripon que dupe.

DUPUYTREN

Célèbre par sa pommade et son Musée.

DUR

Ajouter invariablement : « comme du fer ».

Il y a bien « dur comme la pierre », mais c'est moins énergique.

ℰ

EAU

L'eau de Paris donne des coliques.

L'eau de mer soutient mieux pour nager.

L'eau de Cologne sent bon, celle de Paris sent mauvais.

ÉBÉNISTE

Ouvrier qui travaille surtout l'acajou.

ÉCHAFAUD

S'arranger quand on y monte, pour prononcer quelques paroles éloquentes avant de mourir.

ÉCHARPE

Poétique.

ÉCHECS (jeu des)

Image de la tactique militaire.

Tous les grands capitaines y étaient très forts.

« Trop sérieux pour un jeu, trop futile pour une Science. »

ÉCHO

Citer ceux du Panthéon et du pont de Neuilly.

ÉCLECTISME

Peur de se compromettre.

Être éclectique, dispense de donner son opinion sur les choses de ce monde.

Tonner contre l'éclectisme — comme étant une philosophie immorale — et contre Cousin.

ÉCOLE

École polytechnique, le but suprême vers lequel tout bourgeois pousse son fils.

« Rêve de toutes les mères » (vieux).

Dire simplement « l'École » fait accroire qu'on y a été.

Prononciation du mot.

Terreur du bourgeois dans les émeutes quand il apprend que l'École polytechnique sympathise avec les ouvriers ! (vieux).

St Cyr, composée surtout de nobles.

École de Médecine, tous exaltés.

École de Droit, jeunes gens de bonne famille.

ÉCONOMIE

Toujours précédé de « ordre ».

L'ordre et l'économie mènent à la fortune.

Citer l'anecdote de Laffitte ramassant une épingle dans la cour du banquier Perrégaux.

ÉCONOMIE POLITIQUE

Science sans entrailles.

ÉCREVISSE

Les écrevisses marchent à reculons.

Toujours appeler les réactionnaires « des écrevisses ».

ÉCRIRE

Tout ce qu'il faut pour écrire.

Écrire *currente calamo*, c'est l'excuse pour les fautes de style ou d'orthographe.

ÉCRIT

« Bien écrit », mot de portier en parlant des romans-feuilletons, et des cahiers d'écoliers.

ÉCRITURE

Une belle écriture mène à tout.

Quand elle est indéchiffrable, c'est signe de science.

Ex : les ordonnances de médecin.

ÉCUME

L'écume de mer se trouve dans la terre ; on en fait des pipes.

ÉDILES

Tonner contre à propos du pavage des rues — À quoi songent nos édiles ?

ÉGOÏSME

Se plaindre de celui des autres et ne pas s'apercevoir du sien.

ÉLÉPHANTS

Se distinguent par leur mémoire, et adorent le soleil.

ÉMAIL

Le secret en est perdu.

EMBONPOINT

Signe de richesse et de fainéantise.

Dormir après dîner. Bière.

ÉMIGRÉS

Gagnaient leur vie à donner des leçons de guitare et à faire la salade.

ÉMIR

Ne se dit qu'en parlant d'Abd el-Kader.

ÉMOTION

Toujours inséparable d'un premier début (*sic*).

EMPIRE

L'Empire c'est la paix ! (Napoléon III)

ENCEINTE

Faire entrer ce mot dans tout discours solennel : « Dans cette enceinte ».

ENCRIER *ink well*

Se donne toujours en cadeau à un médecin.

ENCYCLOPÉDIE (l')

Tonner contre.

En rire de pitié, comme étant un ouvrage rococo.

ENFANTS

Affecter pour eux une tendresse lyrique — quand il y a du monde.

ENGELURE

Signe de santé. Vient de s'être chauffé, quand on avait froid.

ENTERREMENT

S'appelle « obsèques » quand il s'agit d'un général et « enfouissement » quand c'est celui d'un philosophe.

— « Et dire que nous avons dîné ensemble il y a huit jours. Qui est-ce qui aurait dit ça ! » (derrière le corbillard).

ENTHOUSIASME
Toujours « impossible à décrire » ; et pendant deux colonnes le journal ne parle que de ça.

Ne peut être provoqué que par le retour des cendres de l'Empereur.

ENTRACTE
Toujours trop long.

ENVERGURE
Se disputer sur la manière de le prononcer.

ÉPACTE. NOMBRE D'OR
Lettre dominicale sur les calendriers. On ne sait pas ce que c'est.

ÉPARGNE (Caisse d')
Occasion de vol pour les domestiques.

ÉPÉE
« Brave comme son épée », quelquefois elle n'a jamais servi.

« Loyale épée », celle du Bayard des temps modernes.

Regretter qu'on n'en porte plus.

On ne connaît que celle de Damoclès.

ÉPERON

Fait bien à une paire de bottes.

ÉPICURE

Mépris pour —.

ÉPINARDS

Les épinards sont le balai de l'estomac. Ne jamais rater la phrase célèbre de Prudhomme : « Je ne les aime pas, j'en suis bien aise, car si je les aimais j'en mangerais, et je ne puis pas les souffrir » (il y en a qui trouveront cela parfaitement logique et qui ne riront pas).

ÉPOQUE

La nôtre.

Tonner contre elle. — Se plaindre de ce qu'elle n'est pas poétique.

L'appeler « époque de transition — de décadence ! ».

ÉPUISEMENT

Toujours « prématuré ».

Conseils aux hommes affaiblis.

ÉQUITATION

Bon exercice pour faire maigrir. Ex : « tous les soldats de cavalerie sont maigres. »

Bon exercice pour engraisser. Ex : « tous les officiers de cavalerie ont un gros ventre. »

« Il monte à cheval comme un vrai centaure. »

ÈRE

« Ère des révolutions ». Toujours ouverte, puisque chaque nouveau gouvernement promet de la fermer.

ÉRECTION

Ne se dit qu'en parlant des monuments.

« L'érection de l'Obélisque ».

« L'érection de l'Hercule Farnèse a eu lieu hier aux Tuileries : beaucoup de dames y assistaient » (Journal Officiel).

ÉRUDITION

La mépriser comme étant la marque d'un esprit étroit.

ESCRIME

Sert à apprendre des bottes secrètes.

ESCROC

Est toujours du grand monde.

ESPION

Toujours du grand monde.

ESPLANADE

Ne se voit qu'aux Invalides.

ESPRIT

Toujours suivi d'« étincelant ».

Court les rues.

Les beaux-esprits se rencontrent.

Bel esprit — femme bel-esprit.

ESTOMAC

Toutes les maladies viennent de —.

ÉTAGÈRE

Indispensable chez une jolie femme.

ÉTALON

Toujours « vigoureux ».

(Sans cela on ne le garderait pas comme étalon).

Une femme doit ignorer la différence qu'il y a entre un étalon et un cheval.

Pour les petites filles : cheval plus gros qu'un autre.

ÉTÉ

Un été est toujours « exceptionnel », qu'il soit chaud ou froid, sec ou humide.

ÉTERNUEMENT

Après qu'on a dit « Dieu vous bénisse », engager une discussion sur l'origine historique de cet usage.

ÉTERNUER

C'est une raillerie spirituelle de dire : « Le russe et le polonais ne se parlent pas, ça s'éternue. »

Chaque fois qu'on éternue il faut toujours s'écrier : « Tiens ! je m'enrhume. »

ÉTOILE

Chacun a la sienne comme l'Empereur.

ÉTRANGER

Faire toujours précéder de « noble ».

Engouement pour tout ce qui vient de l'étranger : preuve d'esprit large et libéral. Dénigrement de tout ce qui n'est pas français : preuve de patriotisme.

ÉTRENNES

S'indigner contre.

ÉTRUSQUE

Tous les vases anciens sont des vases étrusques.

ÉTUDIANT

Portent tous des bérets rouges, des pantalons à la hussarde, fument la pipe dans la rue et n'étudient pas.

ÉTYMOLOGIE

Rien de plus facile à trouver avec le latin et un peu de réflexion.

EUNUQUE

N'a jamais d'enfants.

Fulminer contre les castrats de la Chapelle Sixtine.

ÉVACUATION

Les évacuations sont souvent « copieuses » et toujours « de mauvaise nature ».

Selles. Garde-robe.

ÉVANGILE

Livre divin, sublime, moral, etc…

ÉVIDENCE

Vous aveugle, quand elle ne crève pas les yeux.

EXAGÉRATION

Les gens raisonnables.

EXASPÉRATION

Est constamment « à son comble ».

EXCEPTION

Dites qu'elle « confirme la règle » ; ne vous risquez pas à expliquer comment.

EXÉCUTIONS CAPITALES

Se plaindre des femmes qui vont les voir.

EXERCICE

Entretient la santé. En faire beaucoup.
Préserve de toutes les maladies.

EXPOSITION

Sujet de délire du XIXᵉ siècle.

EXTINCTION

Ne s'emploie qu'avec « paupérisme » ou bien « chaleur naturelle ».

EXTIRPER

Ce verbe est spécialement réservé pour les cors aux pieds, et les hérésies.

FABRIQUE

Voisinage malsain et dangereux.

FACTURE

Toujours trop élevée.

FAÏENCE

Plus chic que la porcelaine.

FAISAN

Tout ce qu'il y a de plus chic dans un dîner.

FAISCEAU

— à former, est le comble de la difficulté dans la garde nationale.

FANFARE

Toujours « joyeuse ».

FARCE

Il faut en faire lorsqu'on est en partie de campagne avec des dames.

FARD

Abîme la peau.

FATALITÉ

Mot exclusivement romantique.

« Homme fatal » se dit de celui qui a le mauvais œil. « Offenbach est un homme fatal. »

FAUBOURG

Terrible en révolution.

FAUTE

« C'est pire qu'un crime, c'est une faute » (Talleyrand).

« Il ne vous reste plus de fautes à commettre » (Thiers).

Ces deux phrases doivent être articulées avec profondeur.

FAUX-MONNAYEUR

Les faux-monnayeurs travaillent toujours dans des souterrains.

FAUX RÂTELIER

Troisième dentition.

Dangereux, on peut l'avaler.

FÉLICITATIONS

Sont toujours « sincères » — « empressées » — « cordiales ».

FÉLICITÉ

Est toujours « parfaite ».

— « Votre bonne se nomme Félicité, alors elle est parfaite. »

FEMELLE

À n'employer qu'en parlant des animaux.

Contrairement à ce qui existe dans l'espèce humaine, les femelles des animaux sont moins belles que les mâles. Citer des exemples : faisan, coq, lion, etc.

FEMME

Personne du sexe.

Ce qui convient à une femme.

Importance actuelle de la femme.

Ne dites pas « ma femme », mais « mon épouse », ou mieux encore « ma moitié ».

Une des côtes d'Adam.

FEMME DE CHAMBRE

Trahissent toutes leurs maîtresses.

Connaissent leurs secrets.

Sont souvent plus jolies qu'elles.

Toujours déshonorées par le fils de la maison.

FÉODALITÉ

N'en avoir aucune idée précise mais tonner contre.

FERME

Toujours suivi de « comme un roc ».

Être ferme dans ses principes.

FERME

Lorsqu'on visite une ferme on ne doit y manger que du pain bis et ne boire que du lait. Si on ajoute des œufs, s'écrier : « Dieu ! comme ils sont frais ! il n'y a pas de danger qu'on en trouve comme ça à la ville ! »

FERMÉ

Toujours précédé de « hermétiquement ».

FERMIER

En s'adressant à un fermier il faut toujours lui dire : « Maître un tel ».

Sont tous à leur aise.

FEU

« Feu mon père » et on soulève son chapeau.

FEU

Le feu purifie tout.

Ne se refuse jamais entre fumeurs.

Il faut toujours commencer [par] perdre la tête quand on entend crier : Au feu !

FEUILLE DE VIGNE
Emblème de la virilité dans l'art de la sculpture.

FEUILLETON
Les romans publiés en feuilletons sont bien plus moraux à lire que dans les volumes.
Cause d'immoralité.
Se disputer sur le dénouement probable.
Écrire à l'auteur pour lui donner des idées.
Fureur quand on trouve un nom pareil au sien.

FIDÈLE
Inséparable d'« ami » et de « chien ».
Ne pas manquer de citer les deux vers : « Puisque enfin... »

FIÈVRE
Tout ce qui la donne : prunes, melon, soleil d'avril, etc.
« C'est la force du sang. »

FIGARO
Fils de Beaumarchais et l'un des promoteurs de la Révolution.

FIGURE
Une figure agréable est le plus sûr des passeports.

FILLE
Toutes les jeunes filles sont « pâles » et « frêles ».

Toujours « pures ».

Éviter pour elles toute espèce de livres, les visites dans les musées, les théâtres, et surtout le Jardin des Plantes, côté des singes.

Les jeunes filles — articuler ce mot timidement.

FLAGRANT DÉLIT

Prononcez : « flagrante delicto ».

Ne s'emploie que pour les cas d'adultère.

FLAMANT

Ainsi nommé parce qu'il vient de Flandre.

FLATTEUR

Ne jamais manquer la citation :

« Détestables flatteurs, présent le plus funeste
« Qu'ait pu faire aux humains la colère céleste. »

ou bien :

« Tout flatteur vit aux dépens de celui qui l'écoute. »

FLEGME

Il faut avoir du flegme ; d'abord c'est bon genre et puis ça donne l'air anglais.

Toujours suivi de « imperturbable ».

FŒTUS

Toute pièce anatomique conservée dans de l'esprit de vin.

FOLLICULAIRE

Les journalistes sont des folliculaires.

Quand on ajoute « de bas étage », c'est le comble du mépris.

FONCTIONNAIRE

Impose le respect, quelle que soit la fonction qu'il remplit.

Est fonctionnaire, tout salarié de l'État, depuis le Ministre jusqu'au garçon de bureau.

Haut fonctionnaire.

FONDEMENT

Toutes les nouvelles en sont dénuées.

FONDS SECRETS

Sommes incalculables avec lesquelles les ministres achètent les consciences.

S'indigner contre.

FORÇAT

Les forçats ont toujours une figure patibulaire.

Ils portent leurs crimes écrits sur le visage.

Sont tous très adroits de leurs mains : ils sculptent les noix de coco, tressent des petits paniers de paille, etc.

Il y a des hommes de génie au bagne.

FORCE

Toujours « herculéenne ».

« La force prime le droit » (Bismarck).

FORNARINA

C'était une belle femme ; inutile d'en savoir plus long.

FORT

« Comme un Turc. »

« Comme un bœuf. »

« Comme un cheval. »

« Comme un Hercule. »

Cet homme doit être fort, il est tout nerfs.

FORTUNE

Audaces fortuna juvat !

— « Ils sont heureux les riches, ils ont de la fortune ! »

Quand on parle d'une grande fortune, ne jamais manquer de dire : « Oui, mais est-elle bien sûre ? »

FOSSETTE

On doit toujours dire à une jolie femme qu'elle a des amours nichés dans ses fossettes.

FOSSILE

Plaisanterie de bon goût en parlant d'un académicien.

Preuve du Déluge.

FOUDRES DU VATICAN

S'en moquer.

FOULARD

Il est « comme il faut » de se moucher dans un foulard.

FOULE

« Turba ruit » ou « ruunt ».

« La vile populace » (Thiers).

« Le peuple saint, en foule, inondait les portiques. »

A toujours de bons instincts.

FOURCHETTE

Les fourchettes doivent toujours être en argent, c'est moins dangereux.

Raconter, comme preuve, l'histoire de « l'homme à la fourchette ».

On doit s'en servir avec la main gauche, c'est plus commode et plus distingué.

FOURMI

Bel exemple à citer à un dissipateur.

Elles ont donné l'idée des caisses d'épargne.

FOURRURE

Signe de richesse.

FOUTRE

Voyez *docteur*.

N'employer ce mot que pour jurer, et encore !

FOYER DES THÉÂTRES

Comédie française — Opéra.

FRANÇAIS

« Il n'y a qu'un Français de plus » (le duc d'Artois).

« Ah ! qu'on est fier d'être français
Quand on regarde la colonne ! » (à développer).

Le premier peuple de l'univers.

FRANC-MAÇONNERIE

Encore une des causes de la Révolution.

Les épreuves d'initiation sont terribles, il y a des gens qui en sont morts.

« Quel peut bien être leur secret ? »

Cause de dispute dans les ménages.
Mal vue de MM. les ecclésiastiques.

FRANC-TIREUR
Plus terrible que l'ennemi.

FRAUDER
Frauder l'octroi n'est pas tromper.
C'est une preuve d'esprit et d'indépendance politique.
A encore une autre signification.

FRESQUE
On n'en fait plus.

FRICASSÉE
Ne se fait bien qu'à la campagne.

FRISER, FRISURE
Ne convient pas à un homme.

FROID
Plus sain que la chaleur.

FROMAGE
Citer l'aphorisme de Brillat-Savarin : « un dîner sans fromage est une belle à qui il manque un œil. »

FRONT
Large et chauve est un signe de génie ou d'aplomb.

FRONTISPICE
Les Grands Hommes font bien dessus.

FRUSTE

Tout ce qui est antique est fruste, et tout ce qui est fruste est antique.

(à bien se rappeler quand on achète des curiosités).

FUCHSIA

Prononcer « fluxia ».

FUGUE

On ignore en quoi ça consiste, mais il faut affirmer que c'est fort difficile et très ennuyeux.

FULMINER

Joli verbe.

FUMISTE

Les fumistes sont renommés pour la finesse et la légèreté de leurs plaisanteries.

FURIE FRANÇAISE

Il faut toujours prononcer : « furia francese ».

FUSIL

Toujours en avoir un à la campagne.

FUSILLADE

La seule manière de faire taire les Parisiens.

FUSILLER

Plus noble que guillotiner.
Joie de l'homme auquel on accorde cette faveur.

FUSION (des branches)

L'espérer toujours.

G

GAGNE-PETIT

Belle enseigne pour une boutique, et qui inspir[e] la confiance.

GAIETÉ

Toujours accompagné de « folle ».
Les amis de la franche gaieté.

GALANT HOMME

Suivant les circonstances, prononcez : « galantuomo » ou bien « gentleman ».

GALBE

Devant toute statue qu'on examine il faut dire : « ça ne manque pas de galbe ! »

GALET

En rapporter de la mer !

GALLOPHOBE

Se servir de cette expression en parlant des journalistes allemands.

GALOP

S'emploie toujours avec le verbe « flanquer ».
« Flanquer un galop. »

GAMIN

Toujours suivi de « [de] Paris ».
Le gamin de Paris a énormément d'esprit.

Ne jamais laisser sa femme dire :
— « Quand je suis gaie, j'aime à faire le gamin. »

GANTS
Donnent l'air comme il faut.

GARDE
« La garde meurt et ne se rend pas ! » huit mots pour remplacer cinq lettres.

GARDE-CÔTE
Ne jamais employer cette expression au pluriel en parlant des seins d'une femme.

GARE
S'extasier sur les gares de chemin de fer ; les donner comme modèle d'architecture.

GARNISON
Garnison d'écolier : *pediculus testis.*
Garnison de jeune homme : *pediculus pubis.*

GAUCHER
Terrible à l'escrime. Plus adroit que les gens qui se servent de leur main droite.

GENDARME
Rempart de la Société.

GENDARMERIE
Dites : « force publique ».
Ou « maréchaussée ».

GENDRE

— « Mon gendre ! tout est rompu. »

Cela doit être dit en imitant la voix de Grassot.

GÉNÉRAL

Prononcer « mon g'néral ».

Est toujours « brave ».

Fait « généralement » ce qui ne concerne pas son état, comme : être ambassadeur, conseiller municipal ou chef de gouvernement.

GÉNÉRATION SPONTANÉE

Idée de socialiste.

GÊNES (ville de)

À un touriste qui raconte son voyage à Gênes, ne jamais manquer de dire : « Alors, vous étiez en état de gêne. »

GÉNIE

Il faut toujours s'écrier : « Le génie, c'est une névrose ! » ce qui ne veut rien dire du tout.

GÉNOVÉFAIN

On ne sait pas ce que c'est.

GENRE ÉPISTOLAIRE

Exclusivement réservé aux femmes.

GENTILHOMME

Il n'y en a plus.

GÉOMÈTRE

« Nul n'entre ici s'il n'est géomètre. »

GERME

Les germes des idées.
Inculquer les germes.
Les germes des passions.

GIAOUR

Expression farouche, d'une signification inconnue ; mais on sait que ça a rapport à l'Orient.

GIBELOTTE

La gibelotte est toujours faite avec du chat.

GIBERNE DE SOLDAT

Étui de bâton de maréchal.

GIBIER

N'est bon que faisandé.

GIRAFE

Mot poli pour ne pas appeler une femme : chameau.

GIRONDIN

Plus à plaindre qu'à blâmer.

GLACE

Toutes les glaces viennent de Saint-Gobain.

GLACE

Très dangereux d'en prendre.

GLACIER

Les glaciers sont tous Napolitains.

GLÈBE

S'apitoyer sur la —.

GLOBE

Mot pudique pour désigner les seins d'une femme : « Laissez-moi baiser vos globes adorables. »

GLOIRE

N'est qu'un peu de fumée.

GLORIA

« Un gloria ne marche jamais sans sa consolation. »

GOBELINS

Il faut toujours dire devant une tapisserie des Gobelins : « c'est plus beau que de la peinture ! »

Se persuader que c'est une œuvre inouïe qui demande cinquante ans à finir.

L'ouvrier ne sait pas ce qu'il fait.

GODDAM

C'est le fond de la langue anglaise, « comme disait Beaumarchais » et là-dessus on ricane de pitié.

GOD SAVE THE KING

Chez Béranger se prononce « God savé te King » et rime avec préservé.

GOG

Faire toujours suivre de « Magog » : Gog et Magog.

GOMME

La gomme élastique est toujours faite avec le scrotum du cheval.

GOTHIQUE

Style d'architecture portant plus à la dévotion que les autres.

GOURMÉ

Faire toujours précéder par « raide ». Roide et gourmé.

GOÛT

« Ce qui est simple est toujours de bon goût » doit toujours se dire à une femme qui s'excuse de la modestie de sa toilette.

GRAMMAIRE

L'apprendre aux enfants dès le plus bas âge comme étant une chose claire et facile.

GRAMMAIRIEN

Tous pédants.

GRAS

Les personnes grasses, le désespoir des exécuteurs parce qu'elles offrent des « difficultés d'exécution ».

Ex : la Du Barry.

Nagent naturellement.

GRÊLÉ

Les femmes grêlées sont toujours lascives.

GRENIER

Qu'on y est bien à vingt ans !

GRENOUILLE

La femelle du crapaud.

« Il n'y a pas de grenouille qui ne trouve son crapaud. »

GRISETTE

« Il n'y a plus de grisettes ! » cela doit être dit avec l'air déconfit du chasseur qui se plaint qu'il n'y a plus de gibier.

GROG

N'est pas comme il faut.

GROTTES

À stalactites. — Il y a eu une fête célèbre, bal ou souper donné par un grand personnage — On y voit dans l'intérieur [comme] des tuyaux d'orgue, un autel d'église.

« On y a dit la messe pendant la Révolution. »

GROUPE

Convient sur une cheminée, et en politique.

GUÉRILLA

Font plus de mal à l'ennemi que l'armée régulière.

GUERRE

Tonner contre.

GULF-STREAM
Une ville de Norvège, nouvellement découverte.

GYMNASE (le)
Succursale de la Comédie française.

GYMNASTIQUE
On ne saurait trop en faire.
Exténuez-y les enfants.

H

HABIT
Il faut dire « frac » ; excepté dans le proverbe :
« L'habit ne fait pas le moine », auquel cas il faut
dire : « froc ».
Importance en province.
Dernier terme de la cérémonie et du dérange-
ment !

HABITUDE
Il faut toujours ajouter : « est une seconde
nature ».
Les habitudes de collège sont « de mauvaises
habitudes ».
Avec de l'habitude on peut jouer du violon
comme Paganini.

HACHISCH
Ne pas confondre avec « hachis » qui se fait avec
de la viande, et qui ne provoque aucune extase
voluptueuse.

HALEINE

Une haleine « forte » donne l'air distingué.

Éviter les allusions sur « les mouches » et affirmer que ça vient de l'estomac.

HALLEBARDE

Ne rime point avec « miséricorde ».

Quand on voit un nuage menaçant, ne pas manquer de dire : « il va tomber des hallebardes. »

En Suisse, tous les hommes portent des hallebardes.

HALLIER

Qualifier toujours de « sombre » et « impénétrable ».

HAMAC

Propre aux créoles.

Indispensable à la campagne.

Se persuader qu'on y est mieux que dans un lit.

HAMEAU

Fait bien en poésie.

Mot attendrissant.

HANNETON

Fils du Printemps.

Quand on parle de leurs ravages dans un discours de Comice agricole, il faut les traiter de « funestes coléoptères ».

Beau sujet d'opuscule.

Leur destruction radicale est le rêve de tout préfet.

HAQUENÉE

Animal blanc du Moyen Âge dont la race est disparue.

HARAS

Question des — : beau sujet de discussion parlementaire.

HAREM

Comparez toujours un coq au milieu de ses poules à un sultan dans son harem.

Rêve de tous les collégiens.

HARENG

Fortune de la Hollande.

HARICOT

(Citer ce qu'en dit Casanova.)

Flageolets.

HARPE

Fait valoir les bras et la main.

Ne se joue, en gravure, que sur des ruines.

Produit des harmonies célestes.

HÉBREU

Tout ce qu'on ne comprend pas.

Origine des langues.

HEIDUQUE

Le confondre avec « eunuque ».

HÉLICE

Avenir de la mécanique.

HÉMICYCLE

On ne connaît que celui des Beaux-Arts.

HÉMORROÏDE

Mal de saint Fiacre.

Les hémorroïdes sont un signe de santé, il ne faut donc pas les faire passer.

S'asseoir sur la pierre, sur un poêle chaud en donne.

HENRI III, IV

Quand on parle de ces princes, ne pas manquer de s'écrier : « Tous les Henri ont été malheureux ! »

HERCULE

Les hercules sont tous du Nord.

HERMAPHRODITE

Excite la curiosité.

Chercher à en voir.

HERNIE

Descente. Blessure.

Tout le monde en a, sans le savoir !

HÉRODE

Être vieux comme Hérode.

HÉROSTRATE

À employer dans toute conversation sur les incendies de la Commune.

HEUREUX

Dire, en parlant d'un homme heureux, qu'il est « né coiffé ». On ne sait pas ce que ça signifie, et l'interlocuteur non plus.

HIATUS

Ne pas le tolérer !

HIÉROGLYPHES

Ancienne langue des Égyptiens.

Écriture mystérieuse inventée par les anciens prêtres égyptiens pour cacher leurs secrets.

— « Et dire qu'il y a des gens qui les comprennent ! »

— « Qu'est-ce qui le prouve ? c'est peut-être une blague ? »

HIPPOCRATE

On doit toujours le citer en latin parce qu'il écrivait en grec, excepté dans cette phrase : « Hippocrate dit oui, Galien dit non. »

HIPPOLYTE

La mort d'Hippolyte, le plus bel exemple de narration que vous puissiez donner.

Tout le monde devrait savoir ce morceau par cœur.

HIRONDELLE

Ne jamais les appeler autrement que : « Messagères du printemps. »

Comme on ignore d'où elles viennent, dire : « elles arrivent des bords lointains. »

Poétique.

HISTRION

Toujours précédé de « vil ».

HIVER

Toujours exceptionnel. (Voyez *été*).
Plus sain que les autres saisons.

HOBEREAU

de campagne.
Avoir pour eux le plus souverain mépris.

HOMÈRE

Célèbre par sa façon de rire : rire homérique.
N'a jamais existé.

HOMO

Ecce homo ! en voyant entrer l'individu qu'on
attend.

HONNEUR

Quand on en parle, faire la citation suivante :
« L'honneur est [comme] une île escarpée et
sans bords
« On n'y peut plus rentrer, dès qu'on en est
dehors. »
Il faut toujours être soucieux du sien, mais peu
de celui des autres.

HOQUET

Pour le guérir, une clef dans le dos ou une peur.

HORIZON

Toujours trouver beaux ceux de la nature et
sombres ceux de la politique.

HORREUR

« Des horreurs ! » en parlant d'expressions lubriques.

On peut en faire, mais pas en dire.

« C'était pendant l'horreur d'une profonde nuit. »

HOSPITALITÉ

Doit toujours être « écossaise ».

Citer à ce propos les vers suivants :

« Chez les montagnards écossais,

« L'hospitalité se donne,

« Mais ne se vend jamais. »

HOSPODAR

Fait bien dans une phrase, à propos de la « question d'Orient ».

HOSTILITÉ

Les hostilités sont comme les huîtres, on les ouvre.

« Les hostilités sont ouvertes ! » il semble qu'il n'y a plus qu'à se mettre à table.

HÔTELS

Ne sont bons qu'en Suisse.

HUGO

« Grand poète, quel dommage qu'il ait fait de la politique ! »

HUILE D'OLIVES

N'est jamais bonne.

Il faut avoir un ami de Marseille qui vous en fait venir un petit tonneau.

HUÎTRES
On n'en mange plus. Elles sont trop chères.

HUMEUR
Il faut toujours se réjouir quand elle sort, et s'étonner que le corps puisse en contenir de si grandes quantités.

HUMIDITÉ
Cause de *toutes* les maladies.

HUSSARD
Prononcer : « houzard ».
Toujours précédé de « gentil » ou de « fringant ».
Il plaît aux dames.
Ne pas manquer la citation :
« Toi qui connais les hussards de la garde. »
Sont très élégants.

HYDRE
L'hydre de l'anarchie.
— du Socialisme.
Et ainsi de suite pour tous les systèmes qui font peur.
Tâcher de la vaincre.

HYDROTHÉRAPIE
Enlève toutes les maladies, et les procure.

HYGIÈNE
Doit toujours être « bien entendue ».

Elle préserve des maladies — quand elle n'en
est pas la cause.

HYPERBOLE

À bafouer, en disant : « Avec ça que c'est si difficile d'en faire ! »

HYPOTHÈQUE

Demander « la réforme du régime hypothé-
caire », très chic.

HYPOTHÈSE

Souvent « dangereuse », toujours « hardie ».

HYSTÉRIE

Idées qu'on s'en fait.
La femme hystérique est le rêve des débauchés.
La confondre avec la nymphomanie.

I

IDÉAL

Tout à fait inutile.

IDÉOLOGUE

Tous les journalistes.

IDOLÂTRES

Sont cannibales.

ILIADE

Toujours suivi de « l'Odyssée ».

ILLISIBLE

Une ordonnance de médecin n'est efficace que si elle est « illisible ».

Toute signature officielle doit être illisible ; de même pour les particuliers. Cela indique qu'on est accablé de correspondance.

ILLUSIONS

Affecter d'en avoir eu beaucoup.

Se plaindre de ce qu'on les a perdues.

ILOTES

Exemple à donner à son fils, mais on ne sait où les trouver.

IMAGES

Toujours trop dans la poésie.

IMAGINATION

Est toujours « vive ».

Il faut s'en défier.

Quand on n'en a pas, il faut la dénigrer chez les autres.

Pour écrire des romans, il suffit d'avoir de l'imagination.

IMBÉCILES

Tous ceux qui ne pensent pas comme vous.

IMBROGLIO

Le fond de toutes les pièces de théâtre.

IMMORALITÉ

Ce mot bien prononcé rehausse celui qui l'emploie.

IMPÉRATRICES

Sont toutes belles.

IMPÉRIALISTES

Tous gens honnêtes, paisibles, polis, distingués.

IMPERMÉABLE

Très avantageux comme vêtement.

Très nuisible à cause de la transpiration empêchée.

IMPIE

Tonner contre.

IMPORTATION

Ver rongeur du Commerce national.

IMPRÉSARIO

Mot d'artiste qui signifie « directeur ».

Toujours précédé d'« habile ».

IMPRIMÉ

On doit croire tout ce qui est imprimé.

Voir son nom imprimé ! Il y en a qui commettent des crimes, rien que pour ça.

IMPRIMERIE

Découverte merveilleuse.

A fait plus de mal que de bien.

INAUGURATION

Sujet de joie.

INCAPACITÉ

Est toujours « notoire ».

Plus on est incapable, plus on doit être ambitieux.

INCENDIE

Toujours un spectacle à voir.

INCOGNITO

Costume des princes en voyage.

INCRUSTATION

Ne se dit qu'en parlant de la nacre.

INDOLENCE

Résultat des pays chauds.

INDUSTRIE

Carrière plus noble que celle du commerce.
(Voyez *commerce*).

INDUSTRIE. COMMERCE

Belle carrière. Mène à tout.

Ex : Aristote était parfumeur à Athènes.

INFANTICIDE

Ne se commet que dans le peuple.

INFECT

« C'est infect ! » doit se dire de toute œuvre artistique ou littéraire que *le Figaro* n'a pas permis d'admirer.

INFÉODÉ

Injure très grave et de grand style à jeter à la tête d'un adversaire politique.

« Môssieu ! vous êtes "inféodé" à la Camarilla de l'Élysée ! »

Ne s'emploie qu'à la tribune.

INFINITÉSIMAL

On ne sait pas ce que c'est, mais a rapport à l'homéopathie.

INGÉNIEUR

Le plus beau titre à envier, et cependant il suffit de vendre des lunettes pour avoir le droit de se dire : ingénieur opticien.

La première carrière pour un jeune homme — à dire de tous les métiers.

Connaît toutes les sciences.

INHUMATION

Danger des inhumations précipitées.

Raconter des histoires à faire frémir.

On a découvert des cadavres qui s'étaient dévorés pour apaiser leur faim !

Ne pas se laisser démonter si on vous soutient que l'asphyxie avait mis ordre à tout.

INJURE

Doit toujours se laver dans du sang.

Injure mortelle.

INNÉES (idées)

Les blaguer.

INNOCENCE

L'impassibilité la prouve.

INNOVATION

Toujours dangereuse.

INONDÉS

Toujours de la Loire.

INQUISITION

On a bien exagéré ses crimes.

INSCRIPTION

Toujours cunéiforme.

(Expire) ne se conjugue qu'à propos des abonnements des journaux.

INSPIRATION

Les choses qui la provoquent : la nature, les femmes, le vin, etc.

INSTINCT

Supplée à l'intelligence.

INSTITUT

On doit le blaguer.

Les membres de [l'] — sont tous des vieillards et portent des abat-jour en taffetas vert.

INSTITUTRICE

Doivent toujours être fort laides.

Toujours d'une excellente famille qui « a eu des malheurs ».

Portent toutes des lunettes bleues.
Danger dans les maisons.
Corrompent le mari.

INSTRUCTION
Le peuple n'en a pas besoin pour gagner sa vie.
Toujours laisser croire qu'on en a reçu beaucoup ; les classes « éclairées » étant dans l'impossibilité de se rendre compte du contraire.

INSTRUMENT
Les instruments qui ont servi à commettre un crime sont toujours « contondants », quand ils ne sont pas « tranchants ».
Instruments de musique.

INSURRECTION
Le plus saint des devoirs (Blanqui).

INTÉGRITÉ
Appartient surtout à la magistrature.

INTRIGUE
Seule manière de parvenir.
Mène à tout.

INTRODUCTION
Mot obscène.

INVASION
Excite les larmes.

INVENTEUR
Meurent tous à l'hôpital — et un autre profite de leur découverte, ce n'est pas juste.

ITALIE

But de tous les voyages de noces.

Italiam ! Italiam !

Donne bien des déceptions, n'est pas si belle qu'on le dit.

ITALIENS

Tous traîtres.

IVOIRE

Ne s'emploie qu'en parlant des dents.

IVRESSE

Toujours précédé de « folle ».

J

JALOUSIE

Toujours suivi de « effrénée ».

Les sourcils qui se rejoignent, preuve de jalousie.

Passion terrible.

JAMBAGE (droit de)

Ne pas y croire.

JAMBON

Les jambons sont toujours de Mayence, même quand ils viennent d'Angleterre.

S'en méfier, il y a des trichines.

JANSÉNISME

On ne sait pas ce que c'est, mais très chic d'en parler.

JAPON

Tout y est en porcelaine.

JARDINS ANGLAIS

Plus naturels que les jardins à la française.

JARNAC (coup de)

S'indigner en parlant de ce coup habile qui, du reste, était fort loyal.

JARRETIÈRE

Les jarretières doivent toujours se porter *au-dessus* du genou quand on appartient au grand monde, et *au-dessous* pour les femmes du peuple.

Une femme ne doit jamais négliger ce détail de toilette ; il y a tant d'impertinents en ce monde.

JASPE

Tous les vases des musées sont en jaspe.

JAVELOT

Vaut bien un fusil quand on sait s'en servir.

JÉSUITE

Fils de Loyola.

Ils ont la main dans toutes les révolutions.

On ne se doute pas de ce qu'il y en a.

Ne pas parler de la « bataille des Jésuites ».

JEU

Les jeux « innocents » ; ce qu'ils sont.

Les jeux de société.

Les jeux et les ris.

S'indigner contre cette « fatale passion ».

Les jeux graves : whist, échecs, etc.

— vulgaires : piquet, écarté, bésigue.

— de cercle : Lansquenet, Baccara.

— de café : dominos, trictrac.

— bêtes : dames, trente-et-un.

— nobles : billard.

JEUNE HOMME

Est toujours farceur, serait même inconvenant s'il ne l'était pas. « Comment ! vous un jeune homme ! »

Tout ce qu'il doit faire : chanter, danser, avoir des dettes, pas trop cependant.

JEUNESSE

Il faut toujours citer ces vers italiens, même sans les comprendre :

« Gioventù ! primavera della vita.

« Primavera ! gioventù del anno. »

« Ah ! c'est beau la jeunesse. »

JOCKEY-CLUB

Les membres sont tous des jeunes gens farceurs et très riches. Dire simplement « le Jockey », très chic, donne à croire qu'on en fait partie.

JOCKEYS

Déplorer la race des —.

JOHN BULL

Quand on ne sait pas le nom d'un Anglais, on l'appelle : John Bull.

JOIE

La mère des jeux et des ris ; on ne doit pas parler de ses « filles ».

JOLI

S'emploie pour tout ce qui est « beau ».

« C'est joliment joli ! » est le comble de l'admiration.

JONC

Une canne doit être en jonc.

JOUET

Devrait toujours être scientifique.

JOUISSANCE

Mot obscène.

JOUR

Il y a les jours de « Monsieur » : le jour de barbe, le jour de médecine, etc.

Il y a ceux de « Madame » qu'elle appelle : « critiques » à certaines époques du mois.

JOURNAL

Son importance dans la société moderne. Ex : *le Figaro*.

Il faut toujours déclamer contre eux, tout en croyant ce qu'ils disent.

Les journaux « sérieux » : *La Revue des Deux Mondes, L'Économiste, Le Journal des Débats*. Il faut les laisser traîner sur la table de son salon, mais en ayant bien soin de les couper avant. Marquer quelques passages au crayon rouge produit aussi un très bon effet.

Lire le matin un article de ces feuilles sérieuses et graves, et le soir, en société, amener adroitement la conversation sur le sujet étudié afin de pouvoir briller.

JUIF

Fils d'Israël.

Les Juifs sont tous marchands de lorgnettes.

JUJUBE

On ne sait pas avec quoi c'est fait.

JURY

S'évertuer à ne pas en être.

JUSTICE

Ne jamais s'en inquiéter.

K

KALÉIDOSCOPE

Ne s'emploie qu'à propos des salons de peinture.

KEEPSAKE

Doit traîner sur la table d'un salon.

KIOSQUE

Lieu de délices dans un jardin.

KNOUT

Mot qui vexe les Russes.

KORAN

Livre de Mahomet où il n'est question que de femmes.

L

LABORATOIRE

On doit en avoir un à la campagne.

LABOUREURS

Que serions-nous sans eux ?

LAC

Avoir une femme près de soi, quand on se promène dessus.

LACONISME

Langue qu'on ne parle plus.

LACUSTRE (ville)

Nier leur existence, parce qu'on ne peut pas vivre sous l'eau.

LA FAYETTE

Général célèbre par son cheval blanc.

LA FONTAINE

On doit soutenir qu'on n'a jamais lu les contes de La Fontaine.

L'appeler « le Bonhomme »

« l'immortel Fabuliste ».

LAGUNE

Ville de l'Adriatique.

LAIT

Dissout les huîtres.

Attire les serpents.

Blanchit la peau. Il y a des femmes entretenues qui prennent un bain de lait tous les matins.

LANCETTE

En avoir toujours une, mais craindre de s'en servir.

LANGOUSTE

Femelle du homard.

LANGUES

Les langues étrangères s'apprennent vite par l'usage.

Les malheurs de la France viennent de ce qu'on ne sait pas assez de langues étrangères.

LATIN

Langage naturel de l'homme.

Gâte l'écriture.

Est seulement utile pour comprendre les inscriptions des fontaines publiques.

Il faut se méfier des citations en latin ; elles cachent toujours quelque chose de leste.

Citations qu'il faut faire.

Exemple...

LAURIER

Les lauriers empêchent de dormir.

LAVEMENT

Ne se dit qu'en parlant de la cérémonie du « lavement des pieds ».

LÉGALITÉ

La légalité nous tue ! avec elle aucun gouvernement n'est possible.

LÉTHARGIE

On en a vu qui duraient des années.

LIBELLE

On n'en fait plus.

LIBERTÉ

« Que de crimes on commet en son nom ! »
    « La liberté n'est pas une comtesse
    « Du noble faubourg Saint-Germain. »
« La liberté n'est pas la licence » — phrase de conservateur.

Nous avons toutes celles qui sont nécessaires.

LIBERTINAGE

Ne se voit que dans les grandes villes.

LIBRE-ÉCHANGE

Cause de tous nos maux.

LIEUE

On fait plus vite une lieue que quatre kilomètres.

LIÈVRE

Dort les yeux ouverts.

LIGUEURS

Précurseurs du libéralisme en France.

LILAS

Fait plaisir parce qu'il annonce l'été.

LINGE

On n'en montre jamais trop.

LION

Bien rugi, Lion !

— « Et dire que le lion et le tigre sont des chats ! »

Plus généreux que le tigre.

Joue toujours avec une boule.

LITTÉRATURE

Occupation des oisifs.

LITTRÉ

Ricaner quand on entend son nom.

— « Ce monsieur qui dit que nous descendons des singes. »

LIVRE

Quel qu'il soit, toujours trop long !

LORD

Anglais riche.

LORGNON

Insolent et distingué.

LOUIS XVI

Toujours dire : « cet infortuné monarque ».

LOUTRE

Petit carnassier dont la peau sert à faire des casquettes et des gilets.

LUMIÈRE

Toujours dire : *Fiat lux !* quand on allume une bougie.

LUNE

Inspire la mélancolie.
Être peureux comme la lune.
Est peut-être habitée.

LUXE

Perd les États.

LYNX

Animal remarquable par son œil.

M

MACADAM

Le macadam a supprimé les révolutions parce qu'il n'y a plus de pavés pour faire des barricades.
Est néanmoins bien incommode.
Tonner contre.

MACARONI

Doit se servir avec les doigts, quand il est à l'italienne.

MÂCHE

Toujours accompagné de « céleri ».

MACHIAVEL

Ne pas l'avoir lu, mais le regarder comme un scélérat.

MACHIAVÉLISME

Mot violent et terrible qu'on ne doit prononcer qu'en frissonnant.

MACKINTOSH

Philosophe écossais.
L'inventeur du caoutchouc.

MAESTRO

Mot italien qui veut dire « pianiste ».

MAGIE

S'en moquer.

MAGISTRATURE

Belle carrière pour se marier.
Magistrats tous pédérastes.

MAGNÉTISME

Joli sujet de conversation avec les dames — et qui sert à faire des femmes.

MAILLOT

Très excitant.

MAIN

Avoir une belle main, c'est écrire bien.

MAIRE

Se croit insulté quand on l'appelle : Échevin.
Toujours les tourner en ridicule.

MAJOR

Ne se trouve plus que dans les tables d'hôte.

MAL DE MER

Pour ne pas l'éprouver, il suffit de penser à autre chose.

MALADE

Pour remonter le moral d'un malade, rire de son affection, et nier ses souffrances.

MALADIE DE NERFS

Toujours des grimaces.

MALÉDICTION

Toujours donnée par un père.

MALTHUS

L'infâme !
On ne connaît même pas le titre de son livre.

MAMELUCK

Ancien peuple de l'Orient.

MANDOLINE

Indispensable pour séduire les Espagnoles.

MANTEAU

Toujours « couleur de muraille », pour les équipées galantes.

MARBRE

Toute statue est en marbre de Páros.

MARSEILLAIS

Tous gens d'esprit.

MARTYR

Tous les premiers chrétiens l'ont été.

MASQUE

Donne de l'esprit.

MASTURBATION

(Voyez Dictionnaire d[e l]'Académie.)

MATELAS

Plus il est dur, plus il est hygiénique.

MATÉRIALISME

Prononcer ce mot avec horreur en appuyant sur chaque syllabe.

MATHÉMATIQUES

Dessèchent le cœur.

MATINAL

L'être — preuve de moralité. Si l'on se couche à 4 heures du matin et qu'on se lève à 8 on est paresseux mais si on se met au lit à 9 heures du soir pour en sortir le lendemain à 5, on est actif.

MATRICE

Synonyme de vulve.

MAXIME

Une maxime n'est jamais neuve, mais elle est toujours consolante.

MAZARINADES

Les mépriser.

Inutile d'en connaître une seule.

MÉCANIQUE

Partie basse des mathématiques.

MÉDAILLE

On n'en faisait que dans l'Antiquité.

MÉDECINE

S'en moquer quand on se porte bien.

MÉLANCOLIE

Signe d'élévation d'esprit et de distinction de cœur.

MÉLODRAMES

Moins immoraux que les drames.

MELON

— « Est-ce un fruit ? est-ce un légume ? »

Intéressant sujet de conversation à table — donner comme argument qu'il y a des personnes qui le mangent au dessert, en Angleterre.

— Ce que c'est que les usages, pourtant !

MÉMOIRE

Se plaindre de la sienne — et même se vanter

de n'en pas avoir mais rugir si on vous dit que vous n'avez pas de jugement.

MÉNAGE
En parler toujours avec respect.

MENDICITÉ
Devrait être interdite et ne l'est jamais.

MÉPHISTOPHÉLIQUE
Doit se dire de tout rire amer.

MER
N'a pas de fond.
Image de l'infini.
Donne de grandes pensées.
Au bord de la mer il faut toujours avoir une longue-vue.
Quand on la contemple toujours dire : « Que d'eau ! »

MERCURE
Tue la maladie et le malade.

MÉRIDIONAUX (les)
Tous poètes.

MESSAGE
Plus noble que « lettre ».

MÉTALLURGIE
Très chic.

MÉTAMORPHOSE

Rire du temps où on y croyait. — Ovide en est l'inventeur.

MÉTAPHORE

Mauvais effet dans le style.

MÉTAPHYSIQUE

On ne sait pas ce que c'est mais en rire.

MÉTHODE

Ne sert à rien.

MEXIQUE

(dans la copie)
La guerre du Mexique est la plus grande pensée du règne (Rouher).

MIDI (cuisine du)

Toujours à l'ail. Tonner contre.

MINISTRE

Dernier terme de la gloire humaine.

MINUIT

Limite du labeur et des plaisirs honnêtes. — Tout ce qu'on fait au-delà est immoral.

MINUTE

« On ne se doute pas comme c'est long une minute. »

MISSIONNAIRES

Sont tous mangés ou crucifiés.

MOBILIER

Tout craindre pour son —.

MOINEAU

Ne jamais manquer d'ajouter : fils de moine — rien ne fait rire comme cette plaisanterie.

MONARCHIE

La monarchie constitutionnelle est la meilleure des Républiques.

MONOPOLE

Tonner contre.

MONSTRE

On n'en voit plus.

MONTRE

Une montre n'est bonne que si elle vient de Genève.

— « Votre montre va-t-elle bien ?

— « Elle règle le soleil. »

Dans les Féeries, quand un personnage tire la sienne, ce doit être un oignon — cette plaisanterie est infaillible.

MOSAÏQUE

Le secret en est perdu.

MOUCHARDS

Tous de la police.

MOUCHES

Puer abige muscas !

MOULE

Les moules sont toujours indigestes.

MOULIN

Fait bien dans un paysage.

MOUSTACHE

Donne l'air martial.

MOUSTIQUE

Plus dangereux que n'importe quelle bête féroce.

MOUTARDE

Il n'y a de bonne moutarde qu'à Dijon.
Ruine l'estomac.

MUSCLE

Les muscles des hommes forts sont toujours en acier.

MUSÉE

De Versailles. Belle idée du roi Louis Philippe.
Retrace les hauts faits de la gloire nationale.
Du Louvre. À éviter pour les jeunes filles.
Dupuytren. Très utile à montrer aux jeunes gens.

MUSICIEN

Le propre du véritable musicien c'est de ne composer aucune musique, de ne jouer d'aucun instrument et de mépriser les virtuoses.

MUSIQUE

Adoucit les mœurs. Ex : *la Marseillaise.*
Fait penser à un tas de choses.

N

NACELLE

Tout batelet qui porte une femme.
« Viens dans ma nacelle ! »

NAIN

Quand on parle de nains il faut raconter l'histoire du général Tom Pouce et, si on lui a serré la main, le dire avec orgueil.

NAPLES

« Voir Naples et mourir ! »
Si vous causez avec des savants, dites : Parthénope.

NARINE

Les narines relevées, signe de lubricité.

NATIONS

(réunir ici tous les peuples).

NATURE

« Que c'est beau la Nature ! » à dire chaque fois qu'on se trouve à la campagne.

NAVIGATEUR

Toujours « hardi ».

NAVIRE

On ne les construit bien qu'à Bayonne.

NECTAR

Le confondre avec « ambroisie ».

NÈGRE

Il faut toujours parler « nègre » pour se faire comprendre d'un étranger, quelle que soit sa nationalité.

S'emploie aussi dans le « style télégraphique ».

Toujours s'étonner que la salive des nègres soit blanche — et de ce qu'ils parlent français.

NÉGRESSES

Plus chaudes que les blanches (voyez *brunes* et *blondes*).

NÉOLOGISME

La perte de la langue française.

NERVEUX

« C'est nerveux ! »

Doit se dire toutes les fois qu'on ne comprend rien à une maladie.

Et l'auditeur est satisfait.

NOBLESSE

La mépriser et l'envier.

NŒUD GORDIEN

Manière des Anciens pour nouer leur cravate.

NOIR

Toujours suivi d'« ébène ».

Comme un « geai », pour « jais ».

NORMANDS

Tous filous (vrai).

Croire qu'ils prononcent des hâvre-sâcs, et les blaguer sur le bonnet de coton.

NOTAIRES

Maintenant ne pas s'y fier.

NOURRITURE

Toujours « saine et abondante » dans les collèges.

NUMISMATIQUE

A rapport au calcul infinitésimal.

A rapport aux hautes sciences, inspire un immense respect.

O

OASIS

Auberge dans le désert.

OBÉSITÉ

Causes de —.

OBSCÉNITÉ

Tous les mots scientifiques dérivés du grec ou du latin cachent une obscénité.

OBUS

Sert à faire des pendules et des encriers.

OCÉAN
Image de l'infini.

OCTOGÉNAIRE
Se dit de tout vieillard.

OCTROI
Le frauder.

ODALISQUE
Voir *bayadère*.

ODÉON
Plaisanteries sur son éloignement, la solitude.

ODEUR (des pieds)
Signe de santé.

ŒUF
Point de départ pour une dissertation scientifique sur la genèse des êtres.

OFFENBACH
Dès qu'on entend son nom, fermer deux doigts de la main droite pour se préserver du mauvais œil. Très parisien — bien porté.

OISEAU
Désirer en être un, et dire en soupirant « des ailes, des ailes » marque une âme poétique.

OMÉGA
Deuxième lettre de l'alphabet grec, puisqu'on dit l'alpha et l'oméga.

OMNIBUS

Il n'y a jamais de place dans les omnibus.

Ont été inventés par Louis XIV.

Il y a cinquante ans, on n'en avait pas.

— « Moi, Monsieur, qui vous parle, j'ai connu les tricycles. »

On a plusieurs compagnies : les Écossais, les dames blanches.

OPÉRA (coulisses de l')

Est le Paradis de Mahomet sur la terre.

OPTIMISTE

Équivalent d'imbécile.

ORAISON

Tout discours de Bossuet.

ORCHESTRE

Image de la société. Chacun fait sa partie et il y a un chef.

ORCHITE

Maladie de Monsieur.

ORDRE

Que de crimes on commet en ton nom !

OREILLER

Ne jamais s'en servir, ça rend bossu.

ORFÈVRE

Il faut toujours l'appeler : « M. Josse ».

ORGUE

Élève l'âme vers Dieu.

ORIENTALISTE

Homme qui a beaucoup voyagé.

ORIGINAL

On doit appeler « original » celui qui refuse de plier devant les banalités et les idées reçues.

Rire de lui prouve toujours une grande supériorité d'esprit.

Manières de passer pour.

ORTHOGRAPHE

N'est pas nécessaire quand on a du style.

Y croire comme aux mathématiques.

OURS

Se nomment tous « Martin ».

Citer l'anecdote de l'invalide qui croyant voir une montre tombée dans sa fosse, y est descendu — et a été dévoré.

OUTRAGE

Faire subir les derniers outrages.

OUVRIER

Toujours honnête quand il ne fait pas d'émeutes.

℘

PAGANINI

Célèbre par la longueur de ses doigts.
N'accordait jamais son violon.

PAIN

On ne sait pas les saletés qu'on mange avec.

PALLADIUM

Forteresse de l'Antiquité.

PALMIER

Donne de la couleur locale.

PALMYRE

Reine d'Égypte ? ou ruines ? on ne sait pas.

PANTHÉISTE

Tonner contre. Absurde.

PARADOXE

Quelque chose de monstrueux qu'on dit toujours entre deux bouffées de cigarette, sur le boulevard, sa patrie.

PARALLÈLE

On ne doit choisir qu'entre les suivants :
César et Pompée.
Voltaire et Rousseau.
Napoléon et Charlemagne.
Bayard et Mac-Mahon.

Goethe et Schiller.
Horace et Virgile.

PARAPHE
Plus il est compliqué, plus il est beau.

PARENTS
Tous désagréables.
Cacher ceux qui ne sont pas riches.

PARIS
La grande prostituée.
La Capitale.
Paradis des femmes, enfer des chevaux.
Idées politiques sur.
Moyen de le mater.
Ce qu'en pense la Province (et vice-versa).

PARRAIN
Est toujours le père du filleul.

PARTIE
Les « parties » sont honteuses pour les uns, naturelles pour les autres.

PAUVRE
S'occuper d'eux tient lieu de toutes les vertus.

PAYSAGES DE PEINTRE
Toujours « des plats d'épinards » !

PÉDANTISME
Doit être bafoué si ce n'est quand il s'applique à des choses légères.

PÉDÉRASTIE

Maladie dont tous les hommes sont affectés à un certain âge.

PEINTURE

Le secret de la peinture sur verre est perdu.

PÉLICAN

Se perce les flancs pour nourrir ses petits. Emblème du père de famille.

PENSER

Pénible. Les choses qui vous y forcent, généralement sont délaissées.

PENSIONNAT

Dites « Boarding School » quand c'est un pensionnat de jeunes filles.

PERMUTER

Le seul verbe conjugué par les militaires.

PÉROU

Pays fantastique où tout est en or et en argent.

PEUR

Donne des ailes.

PHAÉTON

Inventeur des voitures de ce nom.

PHÉNIX

Beau nom pour une Compagnie d'assurances contre l'incendie.

PHILIPPE D'ORLÉANS-ÉGALITÉ
Tonner contre.
Encore une des causes de la Révolution.
A commis tous les crimes de cette époque néfaste.

PHILOSOPHIE
Ricaner.

PHOTOGRAPHIE
Détrônera la peinture.

PIANO
Indispensable dans un salon.

PIGEON
Ne doit se manger qu'avec des petits pois.

PIPE
Pas comme il faut de la fumer.
Sauf aux bains de mer.

PITIÉ
Toujours s'en garder.

PLACE
Toujours en chercher une.

PLANÈTE
Toutes les planètes ont été découvertes par M. Leverrier.

PLANTE
Guérit toujours les parties du corps humain auxquelles elle ressemble.

PLIQUE POLONAISE
Si on coupe les cheveux, ils saignent.

POÉSIE (la)
Est tout à fait inutile.
Passée de mode.

POÈTE
Synonyme de rêveur et nigaud.

POLICE
A toujours tort.

POLYTECHNIQUE (école)
Rêve de toutes les mères (vieux).

PONSARD
Seul poète qui ait eu du bon sens.

POPILIUS
Inventeur du cercle.

PORTEFEUILLE
Un portefeuille sous le bras donne l'air d'un ministre.

PORTRAIT
Le difficile est de rendre le sourire.

PORT-ROYAL
Sujet de conversation, très bien porté.

POURPOINT
Est toujours de couleur « abricot ».

POURPRE

Plus chic que rouge.

Citer l'anecdote du chien qui découvrit la pourpre, en mordant un coquillage.

PRADON

On ne lui a pas encore pardonné d'avoir été l'émule de Racine.

PRAGMATIQUE SANCTION

On ne sait pas ce que c'est.

PRATIQUE

Supérieure à la théorie.

PRÉOCCUPATION

Est d'autant plus « vive », qu'étant profondément absorbé on reste immobile.

PRÊTRE

On devrait les châtrer.

Couchent avec leur bonne et ont des enfants qu'ils appellent leurs « neveux ».

— « C'est égal, il y en a de bons tout de même. »

PRIAPISME

Culte du dieu Priape.

PRINCIPES

Toujours indiscutables.

On ne peut en dire la nature, ni le nombre ; n'importe, sont sacrés.

PRISE (de tabac)

Donne l'air d'un docteur.

Convient à l'homme de cabinet.

PROFESSEUR

Toujours savant.

PROGRÈS

Toujours mal entendu et trop hâtif.

PROMENADE

Il faut toujours faire une promenade après dîner ; ça facilite la digestion.

PROPRIÉTAIRE

Les humains se divisent en deux grandes classes : les propriétaires et les locataires.

— « Quel est votre état ? » — « Propriétaire. »

PROPRIÉTÉ

Une des bases de la Société.

Plus sacrée que la religion.

PROSE

Plus facile à faire que les vers.

PROVIDENCE

Que deviendrions-nous sans elle ?

PRUNEAU

Les pruneaux tiennent le ventre libre.

PUBLICITÉ

Source de fortune.

PUCELLE

Ne s'emploie qu'avec « Orléans ».

PUDEUR

Le plus bel ornement de la femme.

PUNCH

Source de délire.

Soirée de garçons. Éteindre les lumières quand on l'allume.

Et ça produit des « flammes fantastiques ».

Romantique (vieux).

PYRAMIDE

Ouvrage inutile.

QUADRATURE DU CERCLE

On ne sait pas ce que ça signifie, mais il faut lever les épaules quand on en parle.

QUESTION

La poser c'est la résoudre.

R

RACINE

Polisson !

RADEAU

Toujours suivi [de] « de la Méduse ».

RADICALISME

D'autant plus redoutable qu'il est « latent ».
La république nous mène au radicalisme.

RAMONEUR

Hirondelle de l'hiver.

RATE

Autrefois on l'enlevait aux coureurs.

RECONNAISSANCE

N'a pas besoin d'être exprimée.

RÉGENCE

On ne faisait que souper.

RELIGION

Encore une des bases de la Société.
Est nécessaire pour le peuple.
Pas trop n'en faut.
« La religion de mes pères » doit se dire avec
onction.

RÉPUBLICAIN

Les républicains ne sont pas tous des voleurs,
mais tous les voleurs sont républicains.

RESTAURANT

On doit toujours y demander les mets qu'on ne
mange pas habituellement chez soi — quand on
est embarrassé il suffit de choisir les mêmes plats
que l'on sert aux voisins.

RÊVASSERIE

Il est bien d'appeler « rêvasseries » les idées élevées qu'on ne comprend pas.

RÉVEILLON

C'est le boudin qui constitue le réveillon.

RICHESSE

Son prestige.
Tient lieu de tout, même de considération.

RIME

Ne s'accorde jamais avec la raison.

RINCE-BOUCHE

Signe de richesse dans une maison.

RIRE

Un rire est toujours « homérique ».

ROBE

Impose le respect.

ROMAN

Les romans pervertissent les masses.
Sont moins immoraux en feuilleton qu'en volume.
Seuls, les romans « historiques » peuvent être tolérés, parce qu'ils enseignent l'histoire. Ex : *Les trois mousquetaires* etc.
Il y a des romans écrits avec la pointe d'un scalpel. Ex : *Madame Bovary.*
D'autres qui roulent sur la pointe d'une aiguille.

ROMANCE

Chanteur de romances, idéal de l'homme langoureux.

Plaît quelquefois autant aux mères qu'aux filles.

RONSARD

Ridicule par ses mots grecs et latins.

ROUSSEAU

Croire que J.-B. Rousseau et J.-J. Rousseau sont les deux frères, comme les deux Corneille.

ROUSSES

(Voyez *blondes*, *brunes*, *blanches* et *négresses*).

ROXELANE

Qu'est-ce que c'est ? cela signifie : nez relevé.

RUINES

Font rêver et donnent de la poésie à un paysage.

$\mathcal{S}$

SABOT

On doit toujours dire d'un homme riche, qui a eu des commencements difficiles, qu'il est venu à Paris « en sabots ».

SABRE

Les Français aiment à être gouvernés par un sabre.

SACERDOCE

L'art est un sacerdoce.
La médecine aussi,

Le journalisme,
Le notariat — et généralement toutes les pro-
fessions.

SACRILÈGE
C'est un sacrilège d'abattre un bel arbre.

SAIGNER
Il faut se faire saigner au printemps.

SAINT-BARTHÉLEMY
Vieille blague.

SAINTE-BEUVE
Croire à la légende du Vendredi Saint, jour où
il dînait exclusivement de charcuterie.

SAINTE-HÉLÈNE
Île connue par son rocher.

SALIÈRE
Renverser une salière porte malheur.

SALON (faire le)
Début littéraire qui pose très bien son homme.
Salon de dame.

SALUTATIONS
Toujours « empressées ».

SANTÉ
Trop de santé, cause de maladie.

SAPHIQUE ET ADONIQUE (vers)
Excellent effet dans une critique littéraire.

SATRAPE

Homme riche et débauché.

SATURNALES

Fêtes du Directoire.

SAVANT

La science infuse.

Puits de science.

Pour être savant il ne faut que de la mémoire.

Les blaguer.

SBIRE

S'emploie par les républicains farouches pour désigner les agents de police.

SCIENCE

Par rapport à la Religion :

— « un peu de science en écarte. Beaucoup y ramène. »

SCUDÉRY

Ancien auteur à blaguer sans le lire.

On doit le blaguer sans savoir si c'était un homme ou une femme.

SÉNÈQUE

Était-il de Paris ?

Écrivait sur un pupitre d'or.

SERPENT

Tous venimeux.

SERVICE

C'est leur rendre service que de :

Calotter les enfants,
Battre les animaux,
Chasser les domestiques,
Punir les malfaiteurs.

SÉVILLE

Célèbre par son barbier.
Voir Séville et mourir (voyez *Naples*).
« Qui n'a pas vu Séville », etc. (en espagnol).

SITE

Bel endroit pour faire des vers.

SOCIÉTÉ

Ses ennemis.
Ce qui cause sa perte.

SOMBREUIL

Le verre de sang.

SOMMEIL

Épaissit le sang.

SOMNAMBULE

Se promène toujours sur les toits.

SOUFFLET

Ne jamais s'en servir.

SOUPER

Soupers de la Régence : fleurs, lumières, femmes
demi-nues, etc…
L'esprit et le champagne y coulaient à flots.

SOUPIR
Doit s'exhaler près d'une femme.

SPIRITUALISME
Seul système philosophique.

STOÏCISME
Dire que c'est impossible.

STUART (Marie)
S'apitoyer sur son sort.

SUCRER
Édulcorer son café.

SUFFRAGE UNIVERSEL
Dernier terme de la science politique.

SUICIDE
Preuve de lâcheté.

SYBARITE
Tonner contre.

SYPHILIS
Plus ou moins, tout le monde en est affecté.

T

TABAC
Celui de la Régie ne vaut pas celui de contrebande.
Le priser convient à l'homme de cabinet.
Cause des maladies du cerveau et de la moelle épinière.

TABELLION

Plus flatteur que « notaire ».

TALLEYRAND

Indignation contre.

TARTANE

« Viens dans ma tartane,
Belle Grecque à l'œil noir. »

(Romance)

TAUPE

« Aveugle comme une taupe », et cependant elle
a des yeux.

TAUREAU

Le père du veau ; le bœuf n'est que l'oncle.

TÉMOIN

Il faut toujours refuser d'être témoin en justice,
on ne sait pas où ça peut mener.

TEMPÉRAMENT

Avoir du tempérament.

TEMPS

Éternel sujet de conversation.
Cause universelle des maladies.
Toujours s'en plaindre.

TERRE

Dire « les quatre coins de la terre » puisqu'elle
est ronde.

THÈME

Au collège prouve l'application — comme la version prouve l'intelligence ; mais dans le monde il faut rire des forts en thème.

TOILETTE DES DAMES

Trouble l'imagination.

TOLÉRANCE (une maison de)

N'est pas celle où on a des opinions tolérantes.

TOUR

Indispensable à avoir dans son grenier, à la campagne, pour les jours de pluie.

TRAITEMENT

Toujours « facile à suivre, même en voyage ».

TRANSPIRATION

Des pieds, signe de santé.

TREIZE

Éviter d'être treize à table ; ça porte malheur.

Les esprits forts ne devront jamais manquer les plaisanteries suivantes : « Qu'est-ce que ça fait, je mangerai pour deux » ; ou bien, s'il y a des dames, demander si l'une d'elles n'est pas enceinte.

TROUBADOUR

Beau sujet de pendule.

TRUFFE

S'abstenir d'en manger quand sa femme est souffrante.

U

UKASE

Chaque fois que paraît un décret trop autoritaire, il faut l'appeler un « ukase » ; ça vexe le gouvernement.

UNIVERSITÉ

Alma mater.

USUM (*ad*)

Locution latine qui fait bien dans une phrase. *Ad usum Delphini* devra toujours s'employer en parlant d'une femme appelée Delphine.

V

VACCIN

Ne fréquenter que les personnes vaccinées.

VALSE

S'indigner contre.

Danse lascive et impure qui ne devrait être dansée que par les vieilles femmes.

VEILLÉE

Celles de la campagne sont morales.

VELOURS

Sur les habits — distinction et richesse.

VENTE

Vendre et acheter, but de la vie.

VENTRE

Dire « abdomen » quand il y a des dames.

VERRÈS

On ne lui a pas encore pardonné.

VIEILLARD

À propos d'une inondation, d'un orage, etc., les vieillards du pays ne se rappellent jamais en avoir vu un semblable.

VIN

Sujet de discussion.

Leurs caractères.

— « Le meilleur est le Bordeaux, puisque les médecins l'ordonnent. »

— « Plus il est mauvais, plus il est naturel. »

VISAGE

« Miroir de l'âme », alors il y a des gens qui ont l'âme bien laide.

VIZIR

Tremble devant les cordons.

VOISINS

Tâcher de se faire rendre par eux des services sans qu'il en coûte rien.

VOITURES

Plus commode d'en louer que d'en posséder — de cette manière on n'a pas le tracas des domestiques ni des chevaux qui sont toujours malades.

VOLTAIRE

Célèbre par son « rictus épouvantable ».
Science superficielle.

VOYAGE

Doit être fait rapidement.

VOYAGEUR

Toujours « intrépide ».
« Vous voilà, intrépide voyageur. »
Toujours précédé de « Messieurs », en style de chemin de fer.
« Messieurs les voyageurs. »

W

WAGNER

Ricaner quand on entend son nom et faire des plaisanteries sur l'avenir de la musique.

Y

YVETOT

Voir Yvetot et mourir !

COLLECTION FOLIO 2 €

Dernières parutions

Composition Nord Compo
Impression Novoprint
à Barcelone , le 05 avril 2017
Dépôt légal : avril 2017

ISBN 978-2-07-272866-2./Imprimé en Espagne.